ブロックチェーンでできる
３０のこと

瀧澤龍哉

幻冬舎 MC

はじめに

この本を書いた理由

　ブロックチェーンは第4次産業革命と言われ始めてから約5年が経過した。最初にこの言葉が使われたのは2016年の世界経済フォーラムだ。

　しかし、実際にブロックチェーンが生活に使われていると感じた人は、果たしているだろうか？　おそらくいないだろう。

　そして、大多数の人にとってブロックチェーンというものは、単なる「仮想通貨で使われている技術」程度の認識にとどまっているのではないだろうか。

　しかし実際には、ブロックチェーンは既に様々なことに応用されている。間違いなくこれから100％社会に浸透する技術だと確信している‼

　世の中で、未来について断言できることはそう多くない。それでも、私はこれに関しては確信を持って断言できる。

　なぜ私がそう思っているのか？　どうしてブロックチェーンなのか？　そして、それが生活にどう密着していくのか？

　この本では、私がビジネスとブロックチェーンテクノロジーに関して、勉強したことを元に、皆さんと少し先の未来を共有したいと考えている。研究者と経営者としての見解を同時に共有していくことで未来が見えてくるだろう。それも、5年も経たないうちに訪れる未来だ。

この本を一番読んで欲しいのは、幼い子供がいる親の世代だ。この本が、子育ての未来へのヒント、そして時代の流れに取り残されない働き方のヒントになってくれれば、筆者にとってこれほどに嬉しいことはない。

　　　　　　　　　　　　　　　　　　　　　瀧澤 龍哉

目次

自己紹介

　この本で私のことを初めて知る人も少なくないだろう。まずは私について自己紹介させて欲しい。

　現在、Theotex Group HD（テオテックス・グループ・ホールディングス）株式会社の代表取締役社長兼会長を務めている。

　テオテックスでは「すべての概念をブロックチェーンで再定義する」というテーマを元に、テクノロジーで進化しそうな企業をグループ化し、企業のブロックチェーンを使ったモデルケースをグループ単位で創り出そうと画策中だ。

駆け出し起業家時代

　私が起業したのは18歳のときだ。そのため、今まで誰かに雇われるという経験をしたことはない。とはいえ、すぐに会社を立ち上げることはせずに、まずは個人事業主からスタートした。

　最初、インターネットの光回線の訪問販売をする仕事を始めた私にはこの仕事で気がついたことがあった。訪問先の顧客の多くが、古いパソコンを使っていたのだ。そうなると、どうしても新しいパソコンを売りたくなってしまう。

　そこで思いついたのは、お客さんに安くパソコンを販

売することだった。当時は性能が変わらないのに、自作パソコンはメーカー製パソコンより数万円も安く作れた。

　ただ自作パソコンがメーカー性より安いとはいえ、それ自体は決して安いものではない。そこで、私が思いついたのは、自作の新品のパソコンを貸し出しすることだった。

　私の戦略はこうだ。

「人間は快適なものに慣れると不便なものには戻りたくなくなる動物だ。しかも、一度使い始めたパソコンから、また前のパソコンに戻すのはかなり面倒に違いない。おそらくそのまま買い取ってもらえるだろう」

　私は新品の自作パソコンを用意し、次回訪問まで数日間お試ししてもらえるようにした。

　この戦略は見事的中した。

　お客さんからは、パソコンをそのまま買い取りたいという要望が大半を占め、快適になったパソコンとセットでインターネットも快適にしようとする人も多く、光回線の契約もとることができた。

　私が営業に目覚めたのはこの頃だ。こんなに面白いことがあるのかと！

　営業が大好きになった。もちろん今も大好きだ！

　20歳になり、もっと何か売りたいと思っていた矢先に、たまたまiPhone修理をしている人と出会い、その人のグループに入り一緒にビジネスをすることになった。

　当時はiPhone 4Sが登場し、iPhoneが日本国内で爆発的に広まろうとしていた時期だ。それにも関わらず、こ

の頃はiPhoneの修理サポートを請負う会社が世の中にはほとんどなかった。

その頃のiPhone修理の状況はというと、通信業者はサポートをアップルに一方的に任せ、それ以外のサポートはなし。さらに、アップルからのサポートを受けてもほとんどの場合が新品交換で、本体価格から1〜2万円程度低い価格のお金を払わされるというものだった。

当時からiPhone本体の価格は決して安くない。

そのような状況で、パーツ交換だけをアップルより安い価格で提供できれば、多くの人に喜んでもらえるのではないかと感じていた。

私が最初に修理ショップを出したのは、渋谷のレンタルビデオショップの中だった。立地の良い場所に出店させてもらう条件と引き換えに、利益の30％をショップに払う契約をした。私は、ビデオショップが構えている携帯電話のアクセサリコーナーの横に修理カウンターを構えてビジネスをスタートさせた。

このやり方はうまくいった。iPhoneの修理が終わったお客さんに、同時にアクセサリを買ってもらうことができるため、結果的にビデオショップの利益を増やすこともできたからだ。

さらに、私は営業が大好きだったため、店の外に出てお客さんを開拓していった。

当時ギャル男のような格好をしていた私は、街を歩いている女性に声をかけ、iPhoneの画面が割れているかを確認していった。割れていたら私の店を案内するわけだ。

　もし、画面が割れていなくても、割れている知り合いを紹介するように頼んでいった。iPhone は今でこそ画面が割れにくくなっているものの、当時は多くの人の画面が割れていた。

　さらに、売上を爆発的に伸ばすきっかけになったのが、ネットワークビジネスのトップの人と出会えたことだった。渋谷には、サプリメントなどで有名なネットワークビジネスの会社が日本本社を構えているので、トップの人や関係者がよく渋谷にやってくるのだ。

　私は彼らからお客さんを紹介してもらうことにした。

　もちろん、彼らにも自分たちが紹介するだけのメリットがないと旨味がない。そこで私は、お客さんを紹介してもらったら高い商品を買うことを約束した。結果的に、一番高いものでは15万円の浄水器を買うことになった。それくらい、彼らからお客さんを紹介してもらうことができたのだった。

　渋谷でのビジネスを経て、22歳になった私は熊本でフランチャイズグループを作ることにした。

　もともと一緒にやっていた iPhone 修理のグループから抜け、今でも珍しい出張訪問で iPhone 修理を行うフランチャイズを立ち上げた。

　お客様から出張費という名目で、3,000〜4,000円をとることにした。実際、交通費を含めてもそんなにかからないので、単価アップに貢献することができた。

　さらに私は他のフランチャイズについても研究し、フランチャイズのコンサルティングも始めた。フランチャ

イズに新規加盟者を紹介することで、紹介料をもらうビジネスモデルだった。

それと同時に Web サイトを買い取り、コンテンツを再生させて売却するビジネスも開始した。

しかし、これらのビジネスは失敗だった。もともとはこういう目論見だったのだ。

熊本には多くの自衛隊員が暮らし、毎年多くの人が退役している。彼らはこれまで自衛隊での経験しかないため、老後が心配という相談を多く受けたのだ。それならばそんな人のためにフランチャイズを勧めてみようと。

経済規模が小さい地方都市の性なのか、お客さんが増えてビジネスが拡大するということには至らなかった。

私は熊本のビジネスをたたむことにした。24歳のときだった。

私とビットコインとの出会い

熊本のビジネスをたたんで、東京に戻った私は、新しいビジネスでは何をしようかと考えていた。

2017年、私は当時連絡を取り合っていた友人の紹介で、ビットコインを知ることになった。

そのときのビットコイン価格は、7万円だ。その後、私が実際にビットコインを買ったときには、既に11〜14万円の値がついていた。

私はビットコインに価格がついていることに強く疑問を感じた。

「ビットコインは特定の会社が発行したものではないの

になぜ価格が上がったのだろうか？」

　疑問を解消するために勉強をしていくと、仮想通貨というものがあって、仮想通貨はブロックチェーンという技術を使った新しい金融の形であるということ、そして、ブロックチェーンは技術で信頼性を担保するためのものだということがわかった。

　そこで、また疑問が湧いてきた。

「今のビジネスは、人と人の間における信頼関係を保つためのコストがものすごくかかっている。これをビジネスに取り込めたら、これらのコストを大きく下げられるのではないだろうか？」

　そういった視点から、私はブロックチェーン企業を立ち上げることにしたのだ。

ブロックチェーン起業家として

　2018年、私のブロックチェーン起業家としての人生がスタートした。

　私が始めたのは、簡単に説明すると、海外のブロックチェーン企業を日本に進出させることだ。ブロックチェーンプロジェクトを精査して、マーケティングを支援したり必要に応じて開発を支援したりする事業だ。この事業をやるにあたり、専門家を集めて技術精査チームを組織することにした。

　当時は、人々がまだICOに夢中だった時期だ。ICOとは、Initial Coin Offering（イニシャル コイン オファリング）の略で、仮想通貨で資金を集めて、その代わりに新た

な仮想通貨（トークン）を発行する、新たな資金調達方法だ。

ICOの登場当時は今までクローズだったベンチャーの資本調達がオープンになるともてはやされていたが、実際には資金集めのためだけのICOが横行していた。

私たちのところに支援依頼が来るブロックチェーンプロジェクトもその実態に近いものが多かった。さらに残念なことに、ブロックチェーンを使うと謳っているのに、ブロックチェーンの必要性がないものばかり。

正直なところ、ブロックチェーンプロジェクトをやる当事者が、ブロックチェーンの特徴をまともに理解していないように感じていた。

その後、私は既存のブロックチェーンメディアを買収する形でメディア会社を立ち上げた。

そこには、ブロックチェーンのジャーナリズム、ブロックチェーンの本質を伝えたいという想いがあった。

ブロックチェーンという技術は確かに素晴らしい。しかし、ブロックチェーンメディアの多くは仮想通貨に偏ったアフィリエイト記事だらけで、ブロックチェーンを仮想通貨の発行マシンくらいにしか扱っていなかった。

メディア会社でインフルエンサー事業も始めた私は、有名人や芸能人を呼んで、ラジオでこれから来る新しい技術について話していくという番組を始めた。

少し前までは、芸人やクリエイターは食べていくのが大変だった。でも、これからはブロックチェーンを使うことで、クリエイティブなことをしている彼らが正当に評価され、きちんとした利益を得られる機会がやってく

るはずだ。少し上から目線であるが、私はこれをクリエイターの救済だと思っている。

2019年にはブロックチェーンゲームの開発企業を買収。ゲーム開発のノウハウがあるのに、マーケティング力がどうしても気になったからだ。これもクリエイターの救済と言えるかもしれない。

2020年、私は TheotexGroupHD（テオテックス・グループ・ホールディングス）株式会社でコングロマリット（複合企業）を作ることにした。

私がコングロマリットを作ることにしたのには理由がある。

現実的に、既に「ブロックチェーンはどうですか？」という営業は難しくなっている。それなら、企業グループを作ってそこでブロックチェーンを使い、自分たちで革新的なユースケースを作り、新たな企業の形態を証明してみたいと思ったからだ。

なぜブロックチェーンを使うために、コングロマリットにする必要があったのかについては、これから紹介するブロックチェーンの特徴を知ると、なんとなくでも理解していただけるはずだ。

「ブロックチェーンを使って企業を変え、オリジナルなものを創り出すことができれば、ナンバーワンが取れる！」

そのような動機が、私をブロックチェーンに夢中にさせているのだ。

ブロックチェーンって何？

そもそもブロックチェーンとは何なのか。これをわかりやすく説明しているところはあまり多くない。

先に結論を書いてしまうと、ブロックチェーンとは「取引の信頼性を技術そのものに委ねることができる技術」ということになる。これこそブロックチェーンの本質だ。

今までの取引というのは取引に第三者のお墨付きが必要なものが多かった。信頼できる機関が間に入っていないと信頼できないからだ。

例えば銀行などはブロックチェーンの説明でよくあげられる。一般的に資金を送金するときは銀行の窓口やATM で行うが、その取引は銀行が証明し、資金を確実に相手に届けてくれる。信頼のある機関＝銀行を使うことで、信頼を手数料で買っているのだ。また、銀行は送金するときに銀行を通さなければいけない。

送金先が海外ともなると、手数料が高いため数千円もかかってしまうことがあるが、送金は重要な取引活動のため、高くても信頼できる機関を利用する人は多い。

しかし、ブロックチェーンを使った送金は銀行を通さなくて良いのだ。それは、ブロックチェーンという技術そのものが信頼できるため、送金のために銀行を通す必要がなくなることが理由となる。

ここからは、ブロックチェーンについてもっと詳しく

見ていこう。

ブロックチェーンの始まり

　ブロックチェーンを語る上で、ビットコインは切り離すことができない。ビットコインがすべてのブロックチェーンの原点だからだ。

　ブロックチェーンの世界は、とある１つの論文から始まった。

　2008年にサトシ・ナカモトがインターネット上に投稿した論文「Bitcoin: A Peer-to-Peer Electronic Cash System」（ビットコイン：ピアツーピアの電子マネーシステム）という論文だ。

　未だに多くの人から怪しいと思われているビットコインは、実はきちんとした論文から始まっている。

　ちなみに、サトシ・ナカモトというのはインターネット上のハンドルネームで、実際のところそれが誰なのかはまだわかっていない。

　ビットコインの論文は、完全なP2P、つまり Peer to Peer の電子通貨の理論を書いたものだった。

　P2Pとは末端同士の直接的なやり取りのことを指し、そこに仲介者が介在しないことを示す。

　ビットコインの場合、仲介者が存在していないのに、取引が安全に実行できるのである。

　ビットコインは、この論文が登場してから開発が行われ、日本時間で2009年1月4日3時15分5秒に稼働が開始した。そして、ビットコインの決済ネットワークは、そこ

から一瞬たりとも停止したことがない。これは金融システムの世界では驚くべきことで、ビットコイン自体は決して止まらないとても優秀なシステムということがわかる。

ビットコインに実際に価値が付いたのは2010年5月18日のこと。10,000ビットコインがピザ2枚と交換されたのだ。現在のビットコインは1ビットコインが66万円なので、今の価値にして66億円のピザということになる（2020年3月30日時点）。

このストーリーはブロックチェーン業界では誰もが知っている話だが、実は誤解されている話でもある。それは、ピザ屋が直接ビットコインを受け取っているわけではないことだ。実際は、ビットコインを受け取る人が宅配ピザをインターネットで注文してあげて、ピザを受け取った人が注文してくれた人にビットコインを渡したという構図だ。

ビットコインに関する解説は、既に本やインターネット上にあふれているので、詳細はそちらに譲ることにしよう。

ブロックチェーンの歴史はまだ浅い

私は、ブロックチェーン業界にいるからこそ断言できることがある。それは業界の移り変わりが凄まじく速いことだ。体感的には他の業界の5～10倍と言っても言い過ぎではないだろう。

それを裏付けるかのように、素晴らしい技術を追加し

た、人々の生活に新たな可能性をもたらしてくれるブロックチェーンが次々と誕生している。

　現在、ブロックチェーンは第3世代まで進化していると言われている。ここでは、第1世代からのブロックチェーンの進化の歴史を見ていこう。

〈第1世代ブロックチェーン：ただの送金手段〉
　第1世代のブロックチェーンは、送金用途にしか使えないものを指す。先程紹介したビットコインなどは第1世代だ。

　第1世代のブロックチェーンには、致命的な弱点、「送金のみにしか使えない」というものがある。

　ブロックチェーン自体は、信頼を技術で担保できるという革命的なものであるものの、さすがに送金手段だけにしか用いることができないとなると、第4次産業革命を担うには力不足だ。

　おまけに第1世代のブロックチェーンは、1秒間で捌ける送金が少ないので、全世界の人が使うには到底及ばないという問題もあった。

　具体的に、ビットコインは1秒間に7件、ライトコインでも50件程度にとどまっている。

　私自身、ビットコインの送金の遅さを嫌なくらいに体験したことがある。それは2017年12月、ビットコイン価格が100万円を超えたときのこと。

　ビットコインは高い送金手数料を積むと送金が優先されるようになっていて、どれくらいの手数料を積むと自

分の送金が優先されるのかが事前にわかるようになっているが、そのときの適正な手数料が4,000円だったのだ。その年の夏は50円で済んでいた手数料が、80倍に高騰していたのだ。

　私は結局その手数料の高さに納得することができず、手数料を50円にして送金した結果、送金まで４日も待たされてしまった。

　このように、第１世代のブロックチェーンは実用からは程遠いものと言えた。

〈第２世代ブロックチェーン：契約を自動化できる〉

　第２世代のブロックチェーンが登場したのは2015年のこと。イーサリアムと呼ばれるブロックチェーンだ。

　それまで送金しかできなかったブロックチェーンに変わり、イーサリアムではブロックチェーン上で契約を自動実行できるスマートコントラクトと呼ばれる機能が搭載された。

　契約の自動実行と言われると少しわかりづらいかもしれないが、要は自動販売機みたいなものだ。自動販売機は、決められた額を投入すると、商品のボタンにランプが表示され、押されたボタンの飲み物が取出口から出てくる。

　このスマートコントラクトによる契約の自動化が、ブロックチェーンの使い方を飛躍的に広げるものになった。

　スマートコントラクトにより、自分が作ったアプリケーションでより高度な利用方法を提供できるようになったのだ。

例えば、遺言書をブロックチェーン上に保存すること
ができるようになる。ブロックチェーンは改ざんできな
いため、もちろん遺言書を改ざんされる心配はない。法
律上の扱いは別として、公証役場がなくても遺言書が本
物であることを証明することができるようになるのだ。

　ブロックチェーンがどうして改ざんできないかは、こ
の後に詳しく紹介していくので、今はそのようなものだ
と思って欲しい。

〈第3世代ブロックチェーン：様々な用途に応用できる〉
　イーサリアムで進化したブロックチェーンは、さらに
進化をして色々な用途のものが登場している。

　イーサリアムまでのブロックチェーンは、ブロック
チェーンを利用するために仮想通貨で支払いをしなけれ
ばいけなかった。しかし、企業でブロックチェーンを利
用したい場合には現金を仮想通貨に変える必要があるた
め、都合が悪い。しかも仮想通貨は激しく価格変動する。

　そこで、ハイパーレジャーやコルダのような、仮想通
貨を使わなくても利用することができるブロックチェー
ンが登場した。これらは、既に企業が連携して使うシス
テムとしての利用が進んでいる。

　もちろん、仮想通貨を使うブロックチェーンも進化し
ている。それが、カルダノなどのブロックチェーンだ。
第1世代のブロックチェーンで問題となっていた処理速
度の問題を解決し、新たな機能や他のブロックチェーン
との相互接続性を備え、ブロックチェーンを実用的なも

のにしていった。

　実は、第3世代のブロックチェーンには明確な定義が存在していない。

　基本的には、第2世代のブロックチェーンの問題点を解決したものが第3世代のブロックチェーンになるが、既に第4世代や第5世代を謳っているものも存在している。

　このように振り返ってみても、すべてのブロックチェーンの原点であるビットコインが登場してから12年、ブロックチェーンが少しマシに使えるようになってからまだ5年しか経っていない。

　インターネットの歴史が既に50年経っていることを考えると、ブロックチェーンの歴史はまだまだ浅いが、その割に、日々新しいものがどんどん登場する、技術競争が激しい分野と言えるだろう。

ブロックチェーンの特徴

　さて、ここからいよいよブロックチェーンについて見ていく。

　ブロックチェーンの特徴を理解すると、自ずとブロックチェーンがどのような用途に向いているかが見えてくるはずだ。

　ブロックチェーンを技術的に一言で表すと「分散型台帳技術の1つ」だ。台帳とはデータベースのことだと思っていただいて構わない。

　分散型台帳技術そのものは新しい技術ではないものの、

ブロックチェーン特有のデータ記録の仕組みがブロックチェーンを強固なものにしているのである。

改ざんできないデータが半永久的に残る

　従来のデータベースは、Excel や Numbers みたいな表のようなイメージ。表は書き換えたいところを書き換えてしまえば、取引履歴をごまかすことができてしまう。

　一方で、ブロックチェーンではデータをブロックという単位で扱っていく。一定時間に発生した取引履歴をブロックに詰めて、ブロック同士を数学的に整合性が確認できる形でつなぎ合わせていくのだ。

　これだとピンと来ない人のために、アナログな例えをしてみよう。

　あなたは取引をすると、取引伝票を起こす。その伝票は箱に詰めていく。伝票がある程度たまった時点で箱に封をする。さらに、また新しい箱を用意して、同様に伝票を入れていく。そしてまた封をする。封をした前の箱と、封をしたばかりの箱は、鎖でつないで離れないようにする。この例えでは、ブロックチェーンのブロックが伝票のたまった箱に相当するということだ。

　実は、ブロックチェーンのこの仕組みこそが、ブロックチェーンを改ざんしにくいものにしているのだ。ブロックとブロックは、数学的な整合性をもってつなぎ合わせられているため、もし、ブロックの中身を改ざんすると、その整合性がとれなくなってしまう。

　もし、過去にさかのぼって取引履歴をごまかすために

１つのブロックの中身を書き換える場合、整合性をとるためにその後のブロックの中身も全部書き換える必要が出てきてしまうのだ。これにはものすごいコストが必要となる。

　さらに、ブロックチェーンは同じデータを複数のノード(システムを構成するコンピューターのこと)で管理するようになっている。

　仮に、複数あるうちの１つのノードが取引履歴を改ざんしたとしても、残りのノードの取引履歴と一致しなければ、最終的な改ざんは成立しない。改ざんを成立させるには、過半数のノードで改ざんを実行しなければならなくなるのだ。つまりは、ブロックチェーンは多数決でデータを保っているということだ。

　さらに、ブロックチェーンは多数決の仕方が特徴的で、例えばビットコインのノードの数は10,066、イーサリアムのノードの数は6,826になっている(2020年3月30日時点)。つまり、もし、ビットコインの取引履歴を改ざんしたい場合、自分で半数である5,033より多いノードを用意しなければいけないとうことだ。これはあまりにも現実的ではない。

　ちなみに、ビットコインやイーサリアムが消滅するためには、ノードが全部消滅する必要がある。しかしこれだけノードがあるとそれは現実的ではない。つまり、ブロックチェーンのデータは半永久的に存在することになるということだ。

　ここまでの内容を総合すると、ブロックチェーンは改

27

ざんができず、しかもデータは半永久的に存在するということになる。

中央管理者が存在せず透明性がある

先程の説明で、ブロックチェーンはたくさんのノードによって管理されているということを書いた。これは、みんなでブロックチェーンを管理しているということだ。今までのシステムと違って、中央管理者がいるわけではない。そのため、一般的にブロックチェーンは透明性があるとされている。

中央管理者がいない分、取引の不正にはどう対処するのか、それは、みんなでブロックチェーンを管理しているから、取引の検証もみんなでやるということだ。そのため、ブロックチェーンの取引履歴は世界中に公開されている。

例えば、Blockchain.com というウェブサイトでは、ビットコインやイーサリアムの取引履歴をすべて覗くことができる。もし、あなたが過去にビットコインやイーサリアムを送金している場合は、そこには必ずあなたの送金履歴が記載されている。

ここで、カンの良い方は、これだとプライバシーの懸念があると思ったはずだ。それは間違っていない。

そのため、世の中には匿名取引ができるブロックチェーンや、敢えて管理者を用意して組織内だけに限って使えるようにするブロックチェーンも存在している。改ざんされないという利点に特化したブロックチェーンを利用

するものがあるということだ。

ブロックチェーンはトラストレス

　ブロックチェーンの特徴から、大きなメリットが出てくる。それが「トラストレス」だ。この本で、ブロックチェーンの一番大事なキーワードをあげるとしたらこれに尽きる。

　トラストレスとは、英語で書くと Trustless。そのまま日本語に訳すと信頼がないという意味だ。一方で、ブロックチェーンの世界では「相手を信頼する必要がない」という文脈で使われる。

　つまり、ブロックチェーンを使うことで、相手を信頼する必要がない取引ができるということだ。これは非常に革新的なことだ。

　実は、この理屈は結構単純だ。大まかに書くとこういうことだ。

　ブロックチェーンは改ざんすることができない。このため、ブロックチェーン上に刻まれている取引条件に従って相手と取引をすれば、結果的に相手を信頼する必要がなくなるということだ。

　今までは、取引の信頼性を担保するためには第三者が必要だった。例えば送金だと銀行がその第三者にあたる。銀行が必要なのは、相手が信頼できるかわからなかったからだ。

　しかしブロックチェーンを使えば、相手が信頼できるかわからなくともブロックチェーンのルールに従って取

引をすれば結果的に信頼できる取引ができるのだ。

これがトラストレスな取引だ。ブロックチェーンの真価はここにある。

ブロックチェーンが向いている領域

ブロックチェーンの真価はトラストレスな取引ができることだ。

つまり、ブロックチェーンが向いている領域は、従来の取引で信頼性が求められるもの、トラストレスな取引が必要とされる分野だ。

例としてあげるなら、

〈手続き自動化、低コスト化〉

会計、経費精算、送金、支払いなど

〈サプライチェーン〉

原材料、製造、流通、販売など

〈シェアリングエコノミー〉

不動産、知財、サービスの利用や移転、評価など

〈データの安全性確保〉

個人情報、ID 情報、権利証明など

が該当する。

実はこれらには不特定多数が利用するシステムや環境に向いているという共通点がある。

それもそのはず。不特定多数が利用するシステムというのは、必ずしも一緒にシステムを利用している相手が信用できるとは限らないからだ。まさにトラストレスな取引が必要な分野と言える。

ブロックチェーンが向いていない領域

　ブロックチェーンの特性を理解すると、ブロックチェーンが向いていない領域があるということが見えてくる。

　トラストレスな取引を必要としないシステムはその代表例だ。

　仲間内だけで利用するシステムの場合、ブロックチェーンを使うとかえってシステム構築や維持のコストが高くつき、レスポンスが遅いシステムができてしまうだろう。

　現実的な話をすると、まだブロックチェーンそのものの性能は高くなく発展途上だ。

　例えば、リアルタイム処理が必要で、遅延が許されない取引にはブロックチェーンは向いていない。一般的には、ブロックチェーンはIoT（Internet of Things）向きだと言われることが多いものの、許容できる範囲は未だに限定的だ。

　また、ブロックチェーンではデータの記録が積み上がっていくことから、記録の積み上げが必要なかったり、それが負担になったりする領域にはブロックチェーンは向いていない。

　例えば、大容量コンテンツをブロックチェーンに直接記録するのは、あまりにも非効率だ。また、頻繁に書き換えしなければいけないコンテンツでブロックチェーンを使っても、ストレージ容量を無駄に使うだけになってしまう。

　さらに、ブロックチェーンはデータを取り出すのが速

くないので、高速なレスポンスを要求するものにも不向きと言える。

しかしながら、将来的に技術革新が進むと、今あげたものでもブロックチェーンが利用できるものが出てくる可能性は十分にあるだろう。

ブロックチェーンの種類

最後に、ブロックチェーンでできることを見る前に、ブロックチェーンの種類を知ってもらいたい。これらの違いを知ることによって、これから紹介する事例をより深く理解することができるだろう。

今までの説明では、基本的にブロックチェーンには中央管理者が存在せず、たくさんのノードで構成されているという説明をしてきた。

しかし、第3世代のブロックチェーンからは、利用用途に特化した様々なブロックチェーンが登場している。その中には、中央管理者がいて少数のノードだけで構成されているものが存在している。つまり、今までの説明と矛盾があるブロックチェーンが存在しているということだ。

また、ブロックチェーンは一般的には透明性があると言われるが、これはデータのプライバシーを守りたい企業にとっては都合が悪い。極端な話、ブロックチェーンの改ざんされないという点だけがあれば事足りる場合がある。

そのような事情があり、多種多様なブロックチェーン

が誕生してきている。

ブロックチェーンは、パブリックブロックチェーンとプライベートブロックチェーンに分けられる。

パブリックブロックチェーンは、自分以外にも誰でも参加することができるブロックチェーンで、参加者は外国人かもしれないし、殺人犯かもしれない。

そして、自分のコンピューターを提供してノードを運用している誰かが存在している。もちろん、ノードの運用にはコストがかかるため、利用者はその誰かに利用料を払うことになるのだ。パブリックブロックチェーンには国境は関係ないため、その利用料の支払いには仮想通貨を用いることになる。これはブロックチェーンを利用したい人にとっては厄介なものになる。仮想通貨の調達はまだまだ面倒でリスクがあるからだ。

一方のプライベートブロックチェーンは、企業内や企業間で利用するブロックチェーンだ。そのため、エンタープライズチェーンとも呼ばれている。

プライベートブロックチェーンには管理者が存在していて、彼らが決めた人しか参加することができない。そのため、ブロックチェーンの根底思想からは外れるものの、速い処理速度を確保できたり、システムをより自分たちの管理下に置くことができたり、仮想通貨を使わなくて良いなどの利点がある。

どちらが優れているのかではなく、どちらも長所や短所を持ち合わせており、自分たちの実現したいシステムに応じて使い分けていくのがベストだ。

ただし、ブロックチェーン業界では最終的にパブリックブロックチェーンが企業用途のメインになっていくと見ている人が多いようだ。

ブロックチェーンでできること30

　そもそもブロックチェーンは、インフラ技術だ。インフラ技術というのは本来使っていることを意識しないものである。

　私たちが、スマートフォンを使うときに、それがインターネットに繋がっていることを意識しないように、ブロックチェーンもそうあるべきものなのだ。

　ここからは、ブロックチェーンというインフラがどのようなことに使われていくか、実際の取り組み例を見ていこう。

　「ブロックチェーンでできる30のこと」は、読む順番を特に意識しなくて大丈夫だ。ぜひ自分が興味あるテーマから読み進めてみていって欲しい。

第一章

電子上取引やプラットフォーム

ブロックチェーンの技術は様々なことに応用できるが、まず思いつくのは通貨として活用する方法だろう。

　ここでは、通貨としての使われ方からそれに関連する事例などを見ていこう。

事例
1

仮想通貨

ブロックチェーンの送金メリット

改ざんを防ぐ

ブロックチェーン技術そのものが
データの改ざんを防ぐことで情報
の信頼性を担保することができる

送金コストが安い

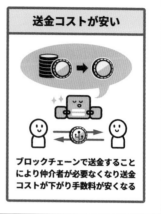

ブロックチェーンで送金すること
により仲介者が必要なくなり送金
コストが下がり手数料が安くなる

　まずはこれまでにも触れている、仮想通貨。

　日本国内では仮想通貨と呼ばれ慣れ親しまれているが、海外ではCryptocurrency（クリプトカレンシー＝暗号通貨）と呼ばれている。また、金融庁では暗号資産と呼んでいるが、いずれも同じものを指している。

　仮想通貨を語る上でよく引き合いに出されるのが銀行送金だ。ここで自分が普段行っている銀行送金について振り返ってみよう。

　銀行送金は、銀行を介して自分の口座から相手の口座にお金を送ることだが、そのときに現金の実物が移動しているのかというと、していない。変化したのは口座の残高という数字だ。銀行送金とは、本質的には口座の数字を変化させることだ。

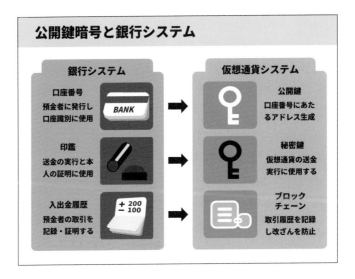

　今までであれば送金は銀行に頼むしかなかった。銀行であれば、送金のときに不正をすることはないし、確実に相手の口座にお金を届けてくれるからだ。

　一方のブロックチェーンでは、ブロックチェーン技術そのもので信頼性を担保することができる。ブロックチェーンを使った送金では自分の残高はブロックチェーンに刻まれ、これは誰にも改ざんすることはできない。

　もちろんブロックチェーンでは送金をごまかされることもないし、送金先を間違わない限りは、確実に相手の口座に着金するようになっている。送金ブロックチェーンを活用する場合、もはや銀行は必要ないのだ。

　さらに、ブロックチェーンによる送金は仲介者を通さなくなるので、送金コストは従来と比べると格段に安い。

日本円にして0.1から50円程度だ。

「でも、ハッキング事件があるし、やっぱり仮想通貨はまだ怪しいのでは？」と思った人がいるかもしれない。せっかくなので、この機会にその点についても説明していこう。

仮想通貨の要になるのが公開鍵暗号と呼ばれる暗号技術だ。この技術は難解な数学のオンパレードだ。

詳しいことは省くが、この公開鍵暗号には公開鍵と秘密鍵が存在している。公開鍵は自分の取引が正当に行われたかチェックをするために使われ、秘密鍵は自分の送金を実行するために使われる。大事なのは秘密鍵の方だ。

秘密鍵は秘密と名がつく通り、誰にも教えてはいけないもので、これが第三者の手に渡ると、第三者の手で送金ができてしまう。

この秘密鍵がハッカーに盗まれ、仮想通貨が勝手に送金されてしまった、というのが仮想通貨流出事件の真実だ。秘密鍵の盗まれ方は多種多様であるものの、秘密鍵が盗まれたという原因は、いずれにも共通している部分だ。

これでもピンと来ない人のために、先程の銀行を例に出そう。最もアナログな方法で銀行送金する場合、銀行通帳を使って振込用紙に印鑑を押すことで送金することができる。

この銀行通帳に記載されている入出金履歴がブロックチェーンに刻まれている自分の取引履歴、そして印鑑が秘密鍵だ。

つまり仮想通貨の流出事件とは、印鑑の保管方法がお

粗末で印鑑が誰かに盗まれてしまったということになる。

　ここまででピンと来た人がいるかもしれない。
「仮想通貨って、盗まれても戻ってくることはないし、究極の自己責任じゃないのか？」と。
　その通り、仮想通貨は究極の自己責任の領域と言える。ある仮想通貨に精通している教授と話をしたときに、「デジタル通貨の秘密鍵を保存しておくのに最も安全なのは、紙に印刷して金庫にしまっておくことだ」と言っていたのを聞いて、なんとも言えない気持ちになったのを覚えている。デジタルの資産でここまで素晴らしい技術なのに、最も安全なのが紙印刷であるというのはなんとも皮肉な話だ。

　不正送金に遭ってしまった場合、銀行だったら戻ってくる可能性がある一方で、仮想通貨が戻ってくることはまずない。

　仮想通貨を安全に保管するためには、それなりの知識が必要になる。誰もが安心して使えるかというと、そうでもないのが仮想通貨の現状だ。しかし仮想通貨を安全に保管するためのカストディサービスが徐々に増えていることから、これは時間が解決するだろうと予想される。

　実際に、仮想通貨はインターネットが繋がっているところであれば使えるため、国境が関係なく、国際間決済が手軽にできる。さらに政府の規制によって潰すことも不可能で、政府が強制的に資産を取り上げることができないような仕組みになっている。世の中には、政府が信

用できない国も少なくないので、このような仮想通貨を重宝する人たちが多いのは容易に想像がつくところだ。

　私は実際に使ってみたからこそ断言できるが、スマートフォンを少し操作するだけで瞬時に送金できる仮想通貨は、まだ利用時の注意点こそ多いものの、送金ツールとして、これほど使い勝手の良いものはない。

　そのような仮想通貨は、ビットコインから始まり、既に6,080種類も存在している（2020年8月5日時点）。この中でそれなりに使えるのはせいぜい20から30種類。そして、今に至るまで仮想通貨の中で圧倒的な認知度を誇っているのがビットコインである。

「仮想通貨デビューしたいので、どの仮想通貨を持てばいいと思いますか？」と言う人がいたら、私は迷うことなくビットコインをお勧めするだろう。そこで、ブロックチェーンの素晴らしさを少しでも感じ取ってもらいたい。

事例
2

地域通貨

地域通貨のメリット

静止QRコード決済
のおかげでより地域
通貨は馴染めたんだ

静止QRコード

決済

コストの削減

機械設置　決済手数料

どこでもチャージ

コンビニ　パソコン

　ブロックチェーンを使い発行した仮想通貨をトークンと言い、ブロックチェーン業界ではしばしばトークンを使った経済圏をトークンエコノミーと表現することがある。

　トークンは日本円のように国中で広く普及するというところまではいかないため、特定のコミュニティでの流通に向いている場合が少なくない。そのため、最近では日本を含め、トークンを地域通貨として使う動きが出てきている。

　基本的に、中央銀行以外が通貨を発行することは法に触れるため、地域通貨は厳密には通貨ではない。しかし理解のしやすさを考慮して、ここでは「地域通貨」と表現することにする。

さるぼぼコインの導入理由

カード払い導入の遅れ

キャッシュレス決済等の導入が遅れていたので観光客が使用する外貨を稼ぐ機会を失っていた

カード払い導入のコスト

外国人観光客が利用するカードは機械設置や決済手数料の負担があり導入ハードルが高かった

　日本における先行事例は、飛騨信用組合が発行体となり、岐阜県の高山市と飛騨市、白川村で使われている「さるぼぼコイン」である。さるぼぼコインの最大の目的は地域振興だ。

　これらの地域は、観光客が一定数存在しているものの、キャッシュレス決済対応が遅れており、外貨を稼ぐ機会損失が発生したという。一方で、外国人観光客が特に利用するクレジットカードは、機械設置や決済手数料の負担があり、店舗にとっては導入ハードルが高いという問題があった。

　そこで、さるぼぼコインでは、まずは地元の人がキャッシュレス決済を使うことに焦点が当てられ、2017年12月から運用が開始された。

45

2020年4月時点で、加盟店が1,200店舗、利用者数が12,000名を超え、地域の新しい決済手段として定着しつつある。

　さるぼぼコインでは、QRコードが導入され、これが店舗側の負担軽減に大きく貢献したという。利用者が店舗のQRコードを読み取り、支払額を入力して決済をする仕組みである。今でこそ、QRコード決済で当たり前のように使われている決済方法であるが、当時はこの方法は成功しないと言われていたそうだ。

　さらに、さるぼぼコインは、2020年5月に飛騨市と意欲的な取り組みを始めた。それが、全市民を対象とした「飛騨市がんばれプレミアム電子地域通貨」というキャンペーンである。

　飛騨市から全市民に引換券が配布され、引換券をもとに飛騨信用組合の窓口でさるぼぼコインをチャージをすると10,000円のチャージで2,000円分のポイントがつくようになっている。また、子供がいる世帯は優遇され、子供分は9,000円のチャージで3,060円分のポイントがつく。

　また、さるぼぼコインを使えない人は商品券を購入できるようになっている。しかし、商品券の対応店舗はさるぼぼコインより少なく、多くの店で買い物をしたい人にとってはさるぼぼコインにチャージする方がメリットがあるのだ。

　飛騨市はさるぼぼコインの活用にかなり積極的であるようだ。水道料金、市民税、固定資産税、軽自動車税など、市に支払うものにもさるぼぼコインが使用できる。

　さるぽぽコインでは、コインを貯められないようにするための施策として、最後に利用した日から1年が経つと失効するようになっており、これにより地域にできるだけ多くのお金が流通するように意図されている。

　日本では、他にも地域通貨の取り組みが見られるが、ここまで普及が進んでいるのは珍しい方である。

相殺決済サービス

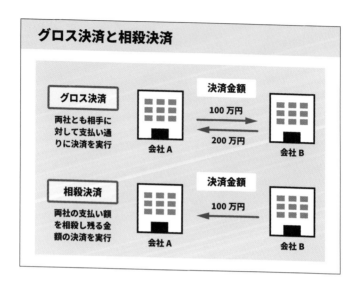

グロス決済と相殺決済

グロス決済

両社とも相手に対して支払い通りに決済を実行

決済金額

会社A → 100万円 → 会社B

会社A ← 200万円 ← 会社B

相殺決済

両社の支払い額を相殺し残る金額の決済を実行

決済金額

会社A ← 100万円 ← 会社B

　ブロックチェーンは、分散台帳上で利用者の所有権や値そのものをやり取りすることができる。そのため、決済はブロックチェーンが最も得意とする分野だ。

　この分野に最も積極的なのが金融機関で、米国のCLSは、ブロックチェーンを使ったプラットフォームで動作するFXの相殺決済サービス「CLSNet」を、2018年から金融機関向けに提供している。

　相殺決済とは、相互に売買取引のある当事者間でお金の支払いと受け取りを相殺して、差額を支払う決済方法のことだ。

　まずは相殺決済を理解するために例を見ていこう。A社がB社に対して100万円の支払いがあり、B社がA社に200万円の支払いがあるとする。

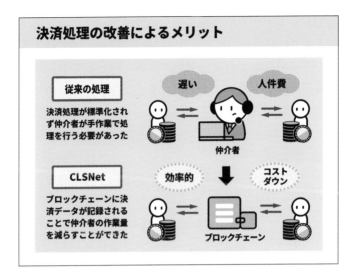

　相殺決済を使わない場合、それぞれが相手に対して支払いを実行することになる。これをグロス決済と呼ぶが、お互いが決済のための資金を保有する必要があり、互いに決済を実行する手間や手数料が発生するので全体の効率は良くない。

　対する相殺決済では、単に互いの支払い金額を差し引きし、B社がA社に100万円を支払えばいいため、より効率的に決済をすることができる。

　これにより、グロス決済と比べて、手間や手数料が削減でき、決済のための保有資金が少なくて済むという利点がある。

　もちろん従来のFX市場の決済でも、相殺決済が利用されてきた。しかしながら決済の流れが完全に標準化さ

れておらず手作業を介在させる必要があったため、決済完了までに時間がかかる上にコストも高くなっていた。

　また、相殺決済の他にグロス決済も行われており、金融機関は決済のために多くの資金を保有しておく必要性が生じていた。

　CLSNet の主な目的は、これらの問題を解決することで、銀行、ブローカー、ブローカーディーラー、アセットマネージャー、ヘッジファンド、企業など、外国為替を扱うあらゆる業種が対象になっている。

　CLSNet では、サービス開始時から、モルガン・スタンレーやゴールドマン・サックスを利用しており、現在は18通貨で相殺決済ができるようになっている。

　このシステムには、プライベートチェーンのHyperledger Fabric が利用されている。

　ブロックチェーンは、その仕組み上、それぞれの関係者が中立的な立場で参加し、共有しているデータに基づいて決済することができる。データを共有しているからこそ、今まで以上にミスが発生しにくく、高速な決済が実現できるようになる。

ブロックチェーンを利用した外交貨物海上保険、災害保険金支払い

貨物事故による対応処理の問題点

荷主

鑑定会社

海外クレーム代理店

多数の書類を個別で取り寄せるので作業が非効率的になってしまう

保険会社

　普段私たちが意識することがない保険、とりわけ国際物流の保険はブロックチェーンに向いた分野である。なぜならば関係者が多く存在する分野だからだ。

　国際物流では貨物事故が発生した際に、必ずしも事故対応を保険会社が直接行うとは限らない。実際の事故対応は海外クレーム代理店と呼ばれる現地の提携企業が多くの業務を担うことになる。

　従来では、貨物事故が起きると海外クレーム代理店が荷主の最新の保険証券を保険会社から取り寄せ、事故報告書などの保険金請求に必要な書類を荷主から取り寄せる必要があった。さらに取り寄せた書類を元に鑑定会社に事故の鑑定依頼を行い、ようやく最終的な支払額が確定する。

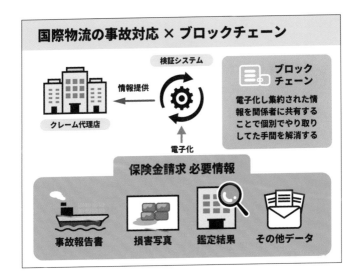

国際物流の事故対応 × ブロックチェーン

検証システム

情報提供

クレーム代理店

電子化

ブロックチェーン

電子化し集約された情報を関係者に共有することで個別でやり取りしてた手間を解消する

保険金請求 必要情報

事故報告書　損害写真　鑑定結果　その他データ

　このように、多くの書類を当事者間で個別にやり取りをする手間が多く、書類収集から保険関係者との情報共有まで、どうしても時間がかかってしまうようになっていた。

　東京海上日動火災保険では、2017年から2018年にかけてNTTデータと共同で、事故対応でブロックチェーンを取り入れる実証実験を行った。事故報告書や貨物の損害写真、送り状など、保険金の支払い業務で利用するデータをブロックチェーン上に流通させ、欧州や米国、アジアなどの8拠点の海外クレーム代理店と鑑定会社に情報が速やかに共有されるようにした。

　従来のシステムとブロックチェーンを取り入れたシステムの大きな違いは、情報をやり取りする相手がそれぞ

れの組織から、対ブロックチェーンになったことだ。情報はブロックチェーンを経由するため、ブロックチェーンに情報が集約されるようになり、事故対応時にはブロックチェーンにある情報を見れば済むようになる。

　実証実験の結果は公表されており、実際に期待された効果が確認できたという。

　荷主のような被保険者にとっては保険金請求に必要な書類の用意や提出にかかる業務の削減ができ、保険金受け取りまでの期間が最大１カ月超えだったものが１週間程度まで短縮できたという。また、保険会社にとっては海外クレーム代理店への情報共有業務の削減をすることができたそうだ。

　そして、最も多くの恩恵を受けたのが海外クレーム代理店になる。必要な書類を入手できる時間と手間が減っただけではなく、鑑定会社との情報連携の業務の削減ができ、保険金支払いの確定を迅速に行うことができるようになったという。

　東京海上日動火災保険では、実証実験を通じて得られた結果を基に、実際にブロックチェーンをシステムに組み込んでいくとのことだ。

デジタルデータの、中古売買、不正防止

　今やデジタルデータのコンテンツを購入することは珍しくなくなってきた。ゲームや電子書籍を購入したことがある人は多いのではないだろうか。デジタルのコンテンツの購入は現物を買うよりも非常に手軽で、欲しいときにすぐに手に入れることができる。

　一方で、コンテンツを使い終えた後の出口は1つしかない。それを削除するということだ。

　現物だと中古ショップに売るという選択肢があるにもかかわらず、デジタルだとそれができないのである。

　消費者の立場で見てみると、デジタルのコンテンツも中古で売れれば良いに越したことはない。

　しかし、今までだとそれができない事情があった。

　デジタルデータはコピーが簡単なので、中古で売れる

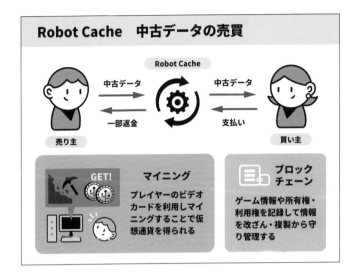

くらいに著作権保護をゆるくしてしまうと簡単にコピーされてしまうからだ。これではメーカーの権利を守ることができない。しかし、ブロックチェーンを使えば、デジタルのコンテンツであっても中古で売れる仕組みを実現することが可能となる。

　このような仕組みは、ブロックチェーンの権利の移転の仕組みを活用することで実現できる。

　ゲームの利用権や所有権をブロックチェーン上に書き込み、それらの権利を売買できるようにすることでコンテンツの中古売買を成立させることができる。

　この分野に関していち早く取り組んでいるのが、スペインに拠点を置く Robot Cache だ。

Robot Cache ではゲームの販売プラットフォームを用

意し、売買されるゲームをブロックチェーンで管理することによって不正な改ざんや複製を阻止している。

中古ゲームの売買が成立した際には、その売上の一部がメーカーにも還元され、販売者には新品ゲーム価格の25％が現金または独自の仮想通貨 IRON で返金されるようになっている。返金に仮想通貨を選択する場合は、本来の手数料分がお得になる。

さらに、Robot Cache がユニークなのは、ゲームのプレイヤーが仮想通貨をマイニングすることができる機能が備わっていることだ。

マイニングには、パソコンのビデオカードを使用することになる。通常、ビデオカードはゲームの３Ｄ映像や物理演算で使用されるものだ。逆に、ゲームをしないときはほとんど使用されない。プレイヤーは、ゲームをしないときにビデオカードを使い、マイニングをして仮想通貨を手に入れることで、新たなゲーム購入に利用することができる。これは、プレイヤーにとってゲームが実質割引で購入できることに繋がる。

ブロックチェーンを使うことで、今まで不可能だったデジタルコンテンツの売買を実現できるようになるだけではなく、現物ではメーカーに利益の還元が一切なかった中古売買において、新たなメーカーの収益源が確保できるようになるのである。

さらに、より多くの選択肢を利用者に与え、できるだけ高い頻度で自分たちのプラットフォームを利用させるための仕組みを取り入れることも可能だ。

事例

6

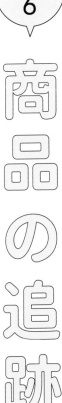

商品の追跡

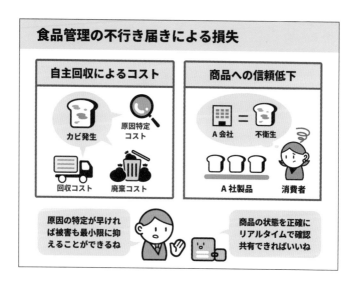

食の衛生管理は企業にとっては重大問題だ。商品への異物混入や不都合の発生により、企業は数万から数十万点規模の商品の自主回収を行っている。

世界ではこのような事件は、その大小を問わず毎月何かしら発生しており、珍しいことではない。

商品が自主回収されることになると、本来得られるはずの利益を失うだけではなく、回収や廃棄コストで大きな損失を被ることになってしまう。最悪の場合は、原因が判明するまで生産を止めなければいけない事態に発展することだってある。例えば、有名ブランドのカップ焼きそばにゴキブリが混入し、半年間の生産停止になったことは記憶に新しいのではないだろうか。

このような商品の大規模な自主回収が発生している背

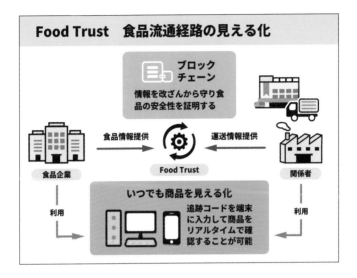

景の１つに、製造工程の他に商品の流通過程が非効率になっている場合がある。もし、より厳密に商品の追跡ができていれば、原因の特定も速くなり、今までより損失を抑えることができるようになる。

　このような問題解決に対処するために作られた最も有名なシステムが、IBMが構築した「Food Trust」と呼ばれるシステムだ。Food Trustは、早期から米小売大手のウォルマートが利用している。

　Food Trustが目指したのは、ブロックチェーンを使い商品の流通過程の全体を見える化することだ。

　現在は食品が国境を越えることが珍しくなく、ウォルマート単体で商品の追跡を見える化することは困難だった。また、食品メーカーの80％が紙ベースでやり取りし

ており流通が非効率になっていた。そこで、ウォルマートは取引先の企業に Food Trust への参加を依頼していった。

Food Trust に参加した企業は、自社の食品の情報をブロックチェーン上に記録していき、記録された情報はリアルタイムで関係者に共有されるようになる。商品情報は、PC やモバイル端末から追跡コードを入力することで、簡単に追跡ができるようになるという仕組みだ。

Food Trust により実現できたのが、商品を自主回収した場合の損失低減だ。商品の追跡精度が増したことにより、万が一の自主回収時に回収する対象を最低限に絞ることができるようになった。

それだけでなく、全体が効率的になることにより、流通の途中で食品が劣化して廃棄されるフードロスの問題も減らすことができたという。さらに、新たな付加価値が生まれた。販売側が、商品の鮮度をアピールできると同時に、食品の真正性を確実にできるため食品をブランド化することが可能になった。

Food Trust は、別にウォルマート専用のシステムではなく、既にフランスの小売大手カルフールや、スイスのネスレが参加している。これは、参加者の立場を中立にすることができるブロックチェーンでなければ、実現できなかったことだ。

ブロックチェーンを使うことで、万が一の自主回収のダメージを最小限に抑えることができる守りとなる上に、食品のブランド化という付加価値が生じたのである。

電力の証明、利用者の引間の直接取引

再生エネルギー発電事業者の問題点とその改善

問題点
実態 ? 実績
増加する発電事業者は
小規模なところが多く
実態や実績がわかりにくい

みんなの電力
ブロックチェーン技術
を使用し発電事業者の
実績を見えるようにした
事業者　発電量　実績

　日本の電力産業は、大きく3つに分かれている。電気
を販売する小売電気事業者、電気を送る配電事業者、そ
して発電する発電事業者だ。

　配電事業者は、送電設備などを持たなければいけない
ため、参入企業は少ない。一方で2016年の電力小売完全
自由化を境に小売と発電には数多くの業者が参入し、既
に小売は690社を、発電は870社を超えている（2020年4月
時点）。

　日本でも2019年から2020年にFIT制度（固定価格買取
制度）が導入されたことで家庭用ソーラーパネルや産業用
のメガソーラーパネルの導入が促進された。

　これだけ事業者の数が多いと、利用者にとって問題と
なるのが「果たしてその事業者が本当に信頼できるの

か？」ということだ。もともとガスのようなインフラ系事業者が電気とガスを一本化するプランを出してきたり、携帯電話会社が電気関連の新プランを発表したりしている。ここまではインフラ系の企業なので十分理解もできるが、よくわからないマイナーなMLM（ネットワークビジネス）の新会社までインフラ事業と言いながら電気の小売ビジネスに参入してきている。

　そんな中、小売電気事業者の「みんなの電力」は、ブロックチェーンでこの点の解決に取り組み、価格競争に陥りがちな業界において、割高の電力を販売しているのである。

　東日本大震災をきっかけに反原発の流れが起き、どうしても原発の電力を受け入れたくないので再生エネル

ギーを選択する消費者が増加した。「みんなの電力」が狙うのは、このような層だ。

しかし、現実的に再生エネルギーは割高で、再生エネルギーの発電事業者は小規模なところが多いため、消費者から見ると実態や実績がわかりづらい。電力を販売する「みんなの電力」としては、彼らの実績を見える化する必要があった。

そこで「みんなの電力」は、実態をわかりやすくするために発電事業者のオーナーの顔の見える化を始めた。イメージは、スーパーで野菜の生産者の写真があるのと似たようなものだ。

しかしこれでも依然として実績はよくわからない。そこで、「みんなの電力」が使ったのがブロックチェーンである。

「みんなの電力」では、NEM（ネム）というブロックチェーンを使い、その上でトークンを発行した。電力の発電側と利用側にウォレットを用意し、実際に供給が行われると、発電側から利用側のウォレットにトークンが移動する。

ブロックチェーンは改ざんできないため、ウォレットのトークンの取引履歴さえ見れば、その電力取引は間違いないものであると証明できる仕組みだ。

企業がブロックチェーンを利用する場合は、トークンが必要ないプライベートブロックチェーンを使うのが一般的であるが、「みんなの電力」では敢えてトークンを用いるパブリックブロックチェーンを使っている点が、こ

の事例の面白いところだ。

プライベートブロックチェーンは、ブロックチェーンの信頼性が管理者に依存するため、100％の信頼性があると言えない。

一方で、パブリックブロックチェーンは特定の人がブロックチェーンをコントロールするのは不可能であるため、パブリックブロックチェーンに記録された取引履歴は誰から見ても真正なるものとすることができる。

このように、アイデア次第でトークンを仮想通貨以外で利用することが可能である。

なお、「みんなの電力」は2020年7月に利用しているブロックチェーンを NEM から Stellar（ステラ）に変更したことを発表しているようだ。

もう１つの事例を紹介しよう。それが、電力の消費者間の直接取引になる。

日本に限らず、世界でも太陽光発電の導入事例は急増している。

しかし、太陽光発電の急増は、昼間の電力の供給過剰を引き起こすことに繋がり、配電網への逆流を引き起こし、変圧器などの故障の原因ともなる。しかし、それらの被害を防ぐためには多くの機器が必要になるため、これは結果的に消費者の負担となってのしかかることになる。電気というのは電圧の高いところから低いところにしか流れないため、売電するときも送電時に電圧を送電先の電圧よりも高くする必要がある。自分が売電しようとしたときにお隣さんが先に売電で送電していると電圧

抑制がかかり、売電したいのに、送電できないことがある。

　理想であれば、その地域で消費された電力を地域内で消費できれば、配電網への負担を減らすことに繋げることができる。

　オーストラリアの Power Ledger は、ブロックチェーンによる電力取引プラットフォームの提供を通して、この問題を解決しようとしている。Power Ledger は、7種類のサービスを提供しており、いずれもリアルタイムの対応、高い透明性や制御性、検証可能性を提供するとしている。

　特に、サービスの1つである xGrid は利用者同士で電力の柔軟な直接取引ができるものだ。具体的には、生産されたエネルギーの購入や消費などの証跡をブロックチェーンに記録し、それらの改ざんされていない正確なデータを元に、利用者間で電力を売買することができるというもの。

　これにより、地域全体で電力が不正に供給過剰されることを回避できる他、会計の潜在的なエラーを防ぐことができるとされている。

　地域内で電気を消費する仕組みを作ることにより、電力ロスを減らすこともでき、配電網への負担を減らすことに繋がるということである。

事例

8

貿易プラットフォーム

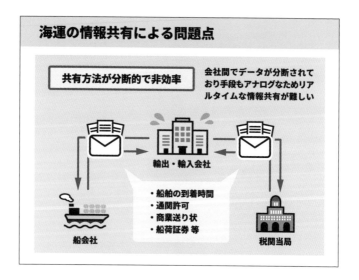

海運の情報共有による問題点

共有方法が分断的で非効率

会社間でデータが分断されており手段もアナログなためリアルタイムな情報共有が難しい

輸出・輸入会社

・船舶の到着時間
・通関許可
・商業送り状
・船荷証券 等

船会社

税関当局

　ブロックチェーンは、当事者間で情報を信頼できる形で共有、照会できることに強みを発揮するが、それが大規模なシーンで必要になってくるのが貿易になる。今回は、海運の例を紹介する。

　海運では、船舶の到着時間や通関許可、商業送り状、船荷証券などの書類の情報共有が必要だ。

　もちろん現状でも電子データにより取引ができるものの、それでは会社間でデータが分断されてしまい、結局はメールやFAX、宅配便で文書でのやり取りをせざるを得なくなるという状態になっていた。

　デンマークにある海運最大手のA.P. Moller Maersk（以下、Maersk）は、IBMと共同でTradeLensを開発し、2018年から運用を行っている。

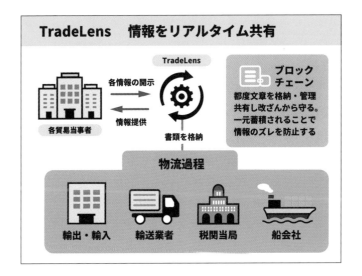

TradeLens　情報をリアルタイム共有

TradeLens

各情報の開示

情報提供

各貿易当事者

書類を格納

ブロックチェーン

都度文章を格納・管理
共有し改ざんから守る。
一元蓄積されることで
情報のズレを防止する

物流過程

輸出・輸入　　輸送業者　　税関当局　　船会社

　海運は荷物が多くの当事者を経由することになり、荷主から発送された荷物はサードパーティの物流業者に引き渡され、コンテナに詰められ陸送される。そして、税関当局を経由した後、港湾に着き、そこから船に載せられ輸送される。船が到着すると、先程の流れとは逆の順に製品が渡っていき、世に出回ることになる。

　TradeLensでは、海運におけるこれらのステップにおいて、ブロックチェーン上にその都度文書が格納されることになる。

　物流の当事者は、TradeLensに一元蓄積された情報を参照して更新していくことで、当事者同士の情報のミスマッチをなくすことができるようになるという仕組みだ。

　このような多くの会社を巻き込む仕組みは、システム

から見た場合参加者が対等というブロックチェーンだからこそなせるものになる。

　TradeLens は、ブロックチェーンの採用では最も成功した事例の１つとして見られることが多い。

　2019年12月時点で、１日あたり200万件以上のイベントを発行し、エコシステムには175を超える組織が参加している。参加組織には、海運世界第２位の MSC、第３位の CMA CGM、第５位の HAPAG-LLOYD、第６位のオーシャン・ネットワーク・エクスプレスが参加し、既に全世界のコンテナ輸送量の半分以上のデータが扱われる規模まで成長している。

　また、アゼルバイジャンやタイなど、国の税関が TradeLens に正式に参加したことで、国際的に効率化された海運の物流網ができあがりつつある。

　現実的に、貿易では参加する組織が非常に多く、そのシステムレベルにもばらつきがある。そこで、TradeLens では、自社のシステムと繋ぐための API を用意し、それぞれの会社は API を使って TradeLens の情報を参照できるようにすることで、貿易業務ができるようにしている。

　このように、多くの組織が参加するシステムでは、前述の API のように、できるだけ多くの組織が参加できるようにする仕組みが必要になってくる。

　実際にブロックチェーンと直接ビジネスを繋ぐのは難しく、すべての会社が簡単に自分たちのシステムをアップグレードできるわけではない。そのため、TradeLens

のように繋ぐ仕組みを提供するプラットフォームは、こ
れからのブロックチェーンの普及にとって大事な役割を
担っていくことだろう。

事例
9

ブロックチェーンを
使ったエロ個人向け
ブロークン業務

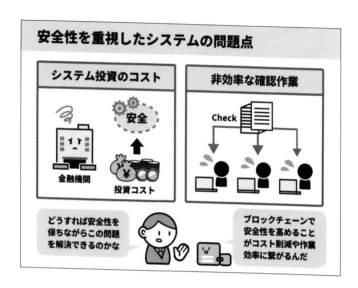

　金融分野のシステムでは業務特性から考えると特に厳しい要件が求められる。そのため、そのシステムが信頼できることを前提にシステムが設計される。これは一見当たり前のようであるが、高額なシステム投資が必要で、相変わらず人の手を介すため、最終的に利用者には「遅くて高い」という形で返ってくることになる。

　これに対してブロックチェーンは、技術そのもので信頼性の担保を実現することができるため、安価なシステム投資でも従来よりも簡単に信頼性を高めることができるようになる。さらに、ブロックチェーンはお金の処理のような、数字の処理で完結する分野が得意であるため、金融分野との相性は抜群に良い。

　実際に金融分野でもブロックチェーンの導入促進は増

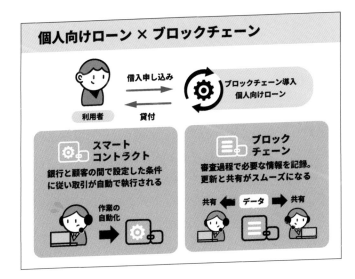

個人向けローン × ブロックチェーン

借入申し込み
貸付
利用者

ブロックチェーン導入
個人向けローン

スマート
コントラクト
銀行と顧客の間で設定した条件
に従い取引が自動で執行される

作業の
自動化

ブロック
チェーン
審査過程で必要な情報を記録。
更新と共有がスムーズになる

共有 ← データ → 共有

えてきている。しかし、業務にかなりの慎重性が求められる分野が多いため、その多くが実証実験レベルにとどまっている。

　そのような中、りそな銀行では2018年の実証実験で、個人向けの無担保ローンでブロックチェーン導入が行われた。無担保ローンは、利用者が担保なしで最短即日で借りられるため、金融機関にとっては審査から融資までのスピードが求められる。一方で、融資する金融機関のリスクが高くなるため、利用者の与信審査は、短い時間の中で慎重に行われる必要がある。

　従来の個人向け無担保ローンでは、契約内容の確認・取引の執行や利用状況・返済状況のチェックなどの業務において人の手が多く介在していた。

各業務段階において担当者の承認が必要になってしま
うからだ。
　これをブロックチェーンで自動化するのが実証実験の
目的であった。
　実証実験ではスマートコントラクトを使い、自動借入
や自動返済など、銀行と顧客との間で設定された条件に
基づき、自動取引を実行できるようにしたという。特に、
従来であれば人手が必要な審査過程で、延滞や条件変更
の際に必要な、複数の部署にまたがる情報のやり取りを
ブロックチェーンを使って処理できるようにした。
　実証実験の結果は公表されていないものの、これによ
り業務効率化を図り、コストを従来の10分の1程度まで
削減できる見込みだという。これが成功した場合、不動
産登記や市場取引、債権管理などの手続きが複雑な他の
業務に応用を検討していくとしている。
　りそな銀行の実証実験は、本来であれば従来型のシス
テムでも実現することができる。しかし、ブロックチェー
ンを使うことによりシステムを信用するためのコストを
削減できることから、金融業界内では注目されているよ
うだ。

事例
10

医療製品の追跡

医療機器製品の流通の問題点

模造品の流通

本物とそっくりな模造品の流通によって患者の命が危険に晒されてしまうリスクがある

流通過程の透明性

医療機器の追跡は以前からあるが完全に追跡できずに不透明な部分も残っているため完璧ではない

　この本の企画が始まったのは、ちょうど世界に新型コロナウイルス（COVID-19）が広がり始め、日本でも緊急事態宣言前の外出自粛が始まったタイミングだ。

　日本では一時店頭からマスクが姿を消したが、ある程度落ち着き始めたときには、出どころが不明のマスクが多く出回った。私の周りでは普段マスクを扱わない事業者が突然マスクを平常時より倍以上の価格で売り始める事例が相次いだ。

　これはどうしても想像の域になってしまうが、パンデミックに乗じて普段マスクを製造していないメーカーがマスクを供給しているのだとしたら、当然ながらそのようなマスクの品質が大丈夫かは誰にもわからない。

　もしマスクの品質が悪ければ、使用者の新型コロナウ

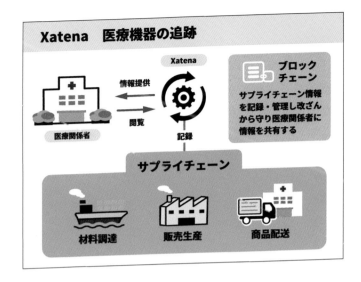

イルスへの感染リスクが上がったり、より多くの人に感染を広げる可能性は十分にあり得る。

　このようなことは、マスクに限ったことではなく、医療機器にも当てはまることである。

　医療機器は人間の命を維持する機器で、非常に高価なものだ。ちょっとしたものでも優に1,000万円を超える。

　日本だと考えづらいが、世界だと医療機器に偽造品が混ざっている場合があるという。特に医療機器は、製品の粗悪さが患者の命に直結する場合があるため、模造品の問題はたちが悪い。

　スイスの医療スタートアップ Xatena は、このような問題対処に取り組んでいる企業だ。

　Xatena では、医療機器の調達とサプライチェーンプロ

セスをすべて電子化し、病院とサプライヤーをサポート
するプラットフォームを開発した。医療企業は、プラッ
トフォームの提供内容を閲覧し、見積もりを請求するこ
とができるようになっている。2020年1月時点で、既に
1,000社近くの企業が参加しているという。

　このシステムの裏ではブロックチェーンの Hyperledger
が使われており、医療機器の追跡ができるようになって
いる。

　Xatena のシステムが登場する前も医療機器の追跡がで
きなかったわけではない。

　ヨーロッパでは医療機器規制により医療機器には一意
の機器番号が割り当てられている。しかし、一意の番号
をシステムに記録したとしても、共通の台帳に記録され
ていなかったため、完全な追跡をすることはできなかった。

　ブロックチェーンは多人数が参照することができる共
通の台帳であるため、ブロックチェーンに機器番号とセッ
トで取引の履歴を格納することにより、プラットフォー
ム利用者は情報が分断されていない、正確な情報を確認
することができるようになる。

　現状は、ブロックチェーンの活用は医療機器のみにと
どまっているが、将来的には患者に関するデータもブロッ
クチェーンで扱えるようにする予定だということだ。

電子上での証明や管理

第一章では主に通貨としての使われ方、それに関連する事例を紹介した。

　しかしこれはまだ入り口でしかない。第二章ではさらに一歩進んだ契約・証明に関する利用方法を見ていこう。

学位証明

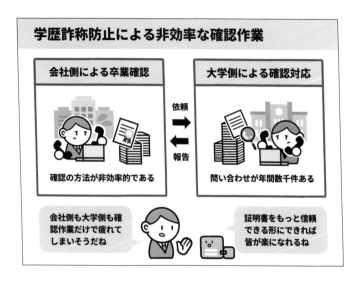

学歴詐称防止による非効率な確認作業

会社側による卒業確認

確認の方法が非効率的である

大学側による確認対応

問い合わせが年間数千件ある

依頼

報告

会社側も大学側も確認作業だけで疲れてしまいそうだね

証明書をもっと信頼できる形にできれば皆が楽になれるね

　高学歴であることは、生きていく上で基本的に損にはならないものだ。自分が将来サラリーマンで良い企業に就職したかったら、現実的に学歴がモノを言う。

　誰もが憧れる人気企業の学歴フィルタに引っかかることもなく、就職を有利に進めることができるだけではなく、統計上は高学歴な方が結婚できる確率も高くなっている。この事実について疑いを持つ人はまずいないだろう。倫理的にどうかという議論は置いておいて、自分の低い学歴を詐称して高学歴を装うのは合理的な側面がある。有名人の学歴詐称がニュースで取り上げられることがあるが、実際にそこに合理性を感じて詐称している人がいるということだ。

　マレーシアは偽造された国内外の学位の証明書がイン

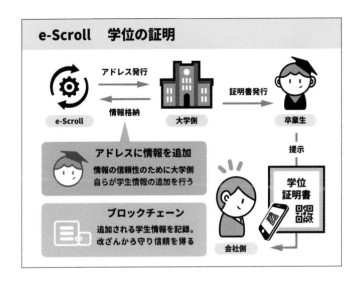

ターネットの闇市場で販売されるなど学歴詐称の問題が
特に深刻な国の１つである。

　そのため、マレーシアの大学には卒業生の就職先の会
社からその人が実際に卒業しているのか確認するための
問い合わせが年間数千件あるという。そのやり取りには
メールや電話が使われており、検証作業も含め、お互い
にとって非常に非効率的になっていた。また、必ずしも
詐称している人を弾けるとも限らず、完全に白な人でも
詐称していることが前提として扱われていた。そこで、
マレーシア政府の教育省が中心となり、学位を証明する
システム「e-Scroll」をLuxTagと共同で開発を行った。

　システムは、既にInternational Islamic University
Malaysiaなどの大学で利用できるようになっている。

e-Scrollでは、各学生に対してブロックチェーンのアドレスが発行され、大学はそのアドレスに卒業証書や関連するすべての情報を追加していく。

　改ざんできないブロックチェーンに、大学自らが証明のための情報を追加するので、記録されているデータは正しいということになる。大学が発行した学位証明書にはQRコードがついていて、就職先の会社を、e-Scrollのシステムでスキャンすると情報を照会できるようになる。e-Scrollのメリットは、会社が第三者を通さずに学位の証明を確認できるということだ。大学側は会社の確認のプロセスに一切関わることがない。

　e-Scrollに限らず、学位証明の取り組みは行われている。スイスのODEMでは、教育を受けやすくするオンライン教育サービスを展開している。主に、職業訓練に関する教育プログラムが取り揃えられており、プログラムを修了するとブロックチェーン上に保存された証明書が発行されるようになっている。

　さらに、企業はODEMのプログラムを修了した人とマッチングすることができ、実際の証明書を簡単に照会することができるのだ。いずれの事例でも、学位証明を改ざんされないブロックチェーンに記録することにより、企業が時間をかけずにそれを照会できるようになっているのが共通点だ。

本人確認、身分証明

インターネットの誕生から既に50年が経ち、世の中には便利なサービスにあふれていて、誰もがその恩恵に預かれる時代になった。

多くの場合、インターネットのサービスを利用するためには、ユーザー登録が求められる。ユーザーIDとパスワードはもちろんのこと、メールアドレス、生年月日や住所、電話番号、さらにはクレジットカード番号まで、悪用されたら厄介なものが多い。

実際のところ、多くの人がIDやパスワードを複数のサービスで使い回していることだろう。かく言う私も完全に使い分けているとは言い難い。

情報流出事件が多くなっている現在では、たまたま自分が使い回しているIDやパスワードが流出すれば、その

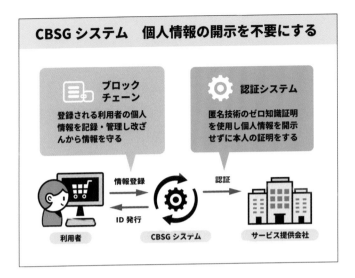

後に別のサービスで悪用されてしまうことは十分にあり得る話だ。そもそも、自分の情報を管理している業者が信頼できるとも限らない。しかし、そこが信頼できなかったとしても、現実的にはID登録してサービスを使わざるを得ないだろう。

　仮に、業者を信頼しなくて良く、安全なID管理システムが存在し、そのシステムを使ってあらゆるサービスにログインすることができれば、IDとパスワードの使い回しから解放されることになる。

　そのようなシステムの実現に取り組んでいるのが、ソフトバンクが中心となって設立されたCarrier Blockchain Study Group（CBSG）だ。

　CBSGが構築したシステムでは、利用者はブロック

チェーン上に自分の個人情報を登録することになる。透明性が高いブロックチェーンだが、個人情報を透明にするわけにはいかない。

そこで、CBSGでは匿名技術のゼロ知識証明を使うことにより、個人の詳細情報を開示しなくてもIDの発行や保管、認証ができる仕組みを実現した。

CBSGによるシステムは、この文章の執筆中においてはまだ構築段階であるが、最初のアプリケーションは通信事業者間の決済ソリューションが見込まれている。

利用者は、海外旅行をした際も旅行先で新たなID登録をすることなく、スマートフォンを使って買い物をすることができるようになる。

先程の例は企業間であったが、その他のより大きい構想が存在している。それは、アクセンチュアとマイクロソフトが共同で行っている、国際的なデジタル認証プログラムのID2020だ。

現状、全世界では11億人以上が自分自身の存在を公的に証明する手段を持っていない。公的な証明ができなければ、教育や医療福祉を受けられず、そのような状況に対して選挙で異を唱えるための投票をすることすらできない。

ID2020ではブロックチェーンを利用して人々の個人情報の長期保存を実現する他、指紋などの生体認証技術と組み合わせることで、本人のみが安全に認証できるIDの実現を目指している。

これにより、紙の身分証明書がなくても自分を証明で

き、かつ永続的な ID を利用し続けることができるようになるのだ。

　これらの事例のように、本人確認や身分証明にブロックチェーンを使い、ID 管理を安全に一元化できるようにして、認証技術と組み合わせることにより不正利用を抑えることができる未来がすぐ近くまで来ている。

事例

13

投票システム

支出承認 (AFE) 投票の問題点

非効率なプロセス

紙主導や手作業によるプロセスが多くコストも時間もかなりかかるためとても非効率的である

会社間の利害関係紛争

複数の企業で共同運営をするため利害関係による紛争が発生した場合は調整に時間がかかる

　ビジネス規模が拡大すればするほど、そこに関わるステークホルダーが増えていき、彼らの利害関係を調整する手間というのは煩雑化してくるものだ。

　とりわけ、石油・ガス産業は利害関係が複雑だ。巨額の資金が動き、事業そのものが一社だけで回せるほどに単純なものではない。複数企業でジョイントベンチャーという形で共同運営するのが一般的である。

　石油・ガス産業では、支出承認（AFE）投票というプロセスを経て、共同運営契約下でプロジェクトに参加する当事者間の利害調整を行っているが、手作業が多く、大部分が紙主導のプロセスであり、かなりの時間がかかるという問題があった。さらに、その後に利害関係紛争が頻繁に発生する可能性があるという非合理さの問題を抱

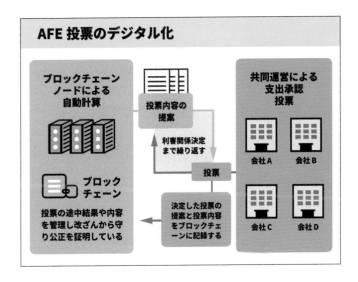

えていた。

　石油産業大手のロイヤル・ダッチ・シェルやエクソンモービル、シェブロンなどが参加する OOC Oil & Gas Blockchain Consortium は、AFE 投票をブロックチェーンを用いてデジタル化する取り組みを行っている。

　取り組みでは、ブロックチェーンノードが、各パートナー企業の投票内容に基づいて作業金利の割合を自動計算し、最終的に利害関係が決定するまで投票が繰り返される仕組みを取り入れた。

　AFE 投票はデジタルで扱われ、中立的な立場であるブロックチェーンノードが計算を行うようになっている。さらに、データはブロックチェーンに記録されるため、途中経過や結果は改ざんされないものとなり、公正であ

ることが誰からもわかるのだ。

　このような企業間の利害調整をブロックチェーンで行う取り組みは、他にも行われている。

　より身近な例だと、株主総会の議決権の投票になる。今までの株主の投票は、紙に記入して企業に送り返す方式だった。

　集計は紙ベースになるため、集計の手間がかかる上に、正確に集計されているかは定かではなかった。

　日本のアステリアは、2019年に、世界で初めてブロックチェーンを使った議決権の投票を行った。

　議決権を持つ株主には、議決数に応じたトークンが配布される。株主は、専用のアプリケーションを使い、トークンを賛成か反対に投じることで、投票が完了できるという仕組みになっている。

　この仕組みは、何か特別なことをしているわけではなく、単なるブロックチェーンのトークン送金の仕組みを投票に応用したシンプルなものだ。わざわざ高度な実装をしなくても、ちょっとしたアイデアで、ブロックチェーンを有効に活用できるという事例だろう。

事例
14

選挙・投票

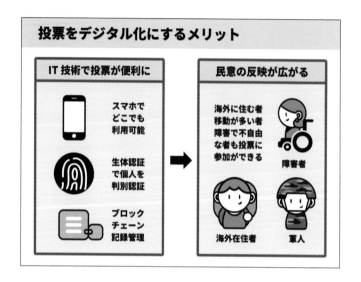

投票をデジタル化にするメリット

IT技術で投票が便利に

スマホで
どこでも
利用可能

生体認証
で個人を
判別認証

ブロック
チェーン
記録管理

民意の反映が広がる

海外に住む者
移動が多い者
障害で不自由
な者も投票に
参加ができる

障害者

海外在住者

軍人

　選挙や投票に信頼性が必要なのは言うまでもない。日本だと、選挙の結果はまだ信頼ができるから良いものの、そうではない国があるのもまた事実である。2020年のアメリカ大統領選挙では不正選挙というワードが飛び交った。トランプ大統領までもが電子投票システムを批判した。

　選挙では監視役を置くのが一般的だ。しかし監視役は人間なので、不正を完全にゼロにすることはできない。そこで、ITで選挙の正当性を担保してしまおうという動きが世界各地で見られるようになっている。

　とりわけブロックチェーンは信頼性の確保を技術そのものに委ねることができるため選挙との相性が良い。

　米国のVoatzは、地方政府や州に対し、スマートフォンの投票アプリや選挙管理サービスなどを提供している。

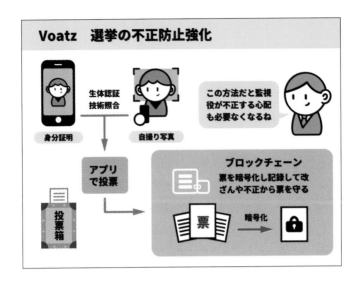

スマートフォンと生体認証技術を使い、インターネット
から選挙に簡単安全にアクセスできることを目指してい
る。もちろん、そこにはブロックチェーンの技術が用い
られている。

　投票において、有権者自身にも不正があってはいけな
いので、アプリの利用開始時に有権者とスマートフォン
を紐付けておくようにする。さらに、身分証のスキャン
の他、実際の自分の顔をビデオ撮影したり、指紋センサー
にタッチすることで、自分とスマートフォンを紐付ける。
最後に、自撮りされた写真と身分証の顔写真とを照合す
ることにより、有権者が本当に投票の資格を持っている
かを厳密に確認することができる。

　実際にブロックチェーンが使われるのは投票の部分で、

投票の秘密を守るために、票が暗号化されてブロックチェーンに記録されることになる。

　Voatzのシステムは、既に米国の複数の行政で実際に使われ、特にユタ州はまだ特定の人しかスマートフォン投票が使えないパイロット導入でありながらも、州の選挙において対象範囲を積極的に拡大している。

　現在は、海外派遣されている軍人や海外在住の住民、そして障がい者がスマートフォンから投票できるようになっている。従来であれば、彼らは投票会場に足を運ぶことが困難で、投票から遠ざかるケースが多かった層である。Voatzがブロックチェーンを取り入れることによって、従来であれば民意として反映されなかった層が、政治にアクセスすることが可能になるのである。

　また、日本でもブロックチェーンを選挙に活用しようとする動きが広まりつつある。

　つくば市は、マイナンバーカードとブロックチェーンを組み合わせたインターネット投票システムの実証実験を行っている。投票が行われたのは「つくばSociety 5.0社会実装トライアル支援事業」の最終審査案件だ。

　つくば市の例は政治の選挙ではない。日本では投票では用紙を投票箱に入れなければいけないと公職選挙法で定められているため、法律面で電子投票ができるようになっていないからだ。ブロックチェーンを使った投票は画期的である一方、日本の政治の選挙に利用されるのはまだまだ長い時間がかかることだろう。

不動産の権利管理

不動産契約の問題点

非効率な契約手続き

FAXで共有　　書類手続き

仲介業者が多い

金融機関

登記

HOME

司法書士　　宅建業者

FAX 共有や書類手続きでは時間もコストもかかってしまうね

仲介している業者も多いから情報共有も余計に面倒なんだ

　数多くのビジネスをする過程で私は様々な契約をしてきた。そのたびに「なんとアナログな業界なんだろう」と思ったのが不動産業界だ。

　インターネットができてから50年も経つ世の中で、不動産業界では未だにFAXが現役だ。私がいるIT業界ではもはや誰も使っていない。

　賃貸でもネットで同じ物件が重複掲載されていて、本当にその部屋が借主を募集しているかどうかすら怪しい。さらに、売買で不動産登記をするには山のような書類が必要だが、あまりにも非効率的過ぎる。

　そのような不動産業界も、時代の波を無視できなくなっており、ここ最近は不動産テックという言葉をよく耳にするようになってきた。

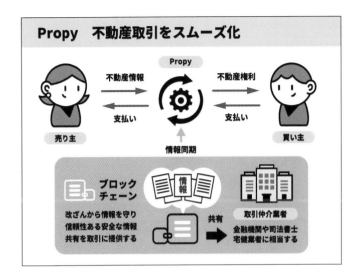

実は、不動産とブロックチェーンの相性はとても良い。不動産に関する情報は信頼性の担保が欠かせず、当事者や第三者から不動産の権利の状況がわかるように情報共有できる仕組みが必要だからだ。

しかし、不動産は権利管理などがシビアであるため、さすがに仮想通貨のように中央管理者がいらないというわけにはいかない。そのため、現在検討されている不動産のブロックチェーン活用は管理者が入るものがほとんどだ。

不動産のブロックチェーン活用として、Propyの例を紹介しよう。

Propyは、国際間の不動産取引を自動化したいという想いから創業したブロックチェーンのスタートアップ企

業で、2017年にブロックチェーンによる初の不動産取引を実施し、2019年には北海道のニセコでもブロックチェーンによる不動産取引を成功させた実績を持っている。

　Propyのきっかけは、民泊プラットフォームなどで海外の物件を簡単に借りることができるようになった現代で、海外の物件も簡単に売買できるのではないかという発想にある。

　しかし、不動産売買を国際化するハードルは非常に高い。まず、国によって法規制や商習慣が違うだけでなく、売買の手続きも異なっており、当然ながら統一されたプラットフォームは存在していない。しかも、オンラインによる取引や決済が未だに確立されていない。

　そこで、Propyでは「契約」「決済」「所有権の移転」という、どこの国でも共通する不動産売買の流れに注目してシステムを開発した。

　ブロックチェーンの特徴として、一般的に仲介者が必要なくなると言われているが、Propyはそうではない。

　実際問題、現在の不動産取引には宅建業者や金融機関、司法書士のような複数の仲介者が関わっている。これらをブロックチェーンだからと言って排除することはすぐにできるものではない。

　Propyでは仲介者の業務を効率化し、取引開始から権利の登記を既存の制度に則って展開している。

　Propyでは、法整備が進み今後20〜50年くらいで仲介者が不要な取引に移行する世界が来るという未来を描いている。権利の登記はスマートコントラクトが使われブ

ロックチェーン上にされる。そして、行政は登記された
ファイルを監査する立ち位置になるという未来だ。

　さらに、最終的にはスマートフォンの認証機能を使い、
スマートフォン同士で所有権の交換ができるようになる
と見込まれている。

自動車の
信頼性や
付加価値
強化

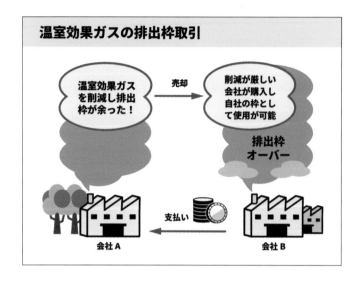

温室効果ガスの排出枠取引

温室効果ガス
を削減し排出
枠が余った！

売却 →

削減が厳しい
会社が購入し
自社の枠とし
て使用が可能

排出枠
オーバー

支払い

会社A　　　　　　　　　会社B

　私たちが日頃からお世話になっている自動車は、多様
な分野の技術が集積されている工業製品だ。そのため、
ひとくちに自動車と言っても、多方面にわたりあらゆる
部分へのブロックチェーン技術の活用が始まりつつある。
　特に、電気自動車はガソリン車と比べてブロックチェー
ンとの相性が良い分野だ。
　電気自動車が普及し始めているのは、地球温暖化を防
止するために二酸化炭素などの温室効果ガスの排出を減
らそうと、国際的な動きがあることが背景にある。
　国際的に、温室効果ガスの排出枠を取引することがで
きるようにして、温室効果ガスを排出し過ぎたところが、
削減したところから排出枠を買うことで、自分たちが温
室効果ガスを削減したと見なすことができるようにする

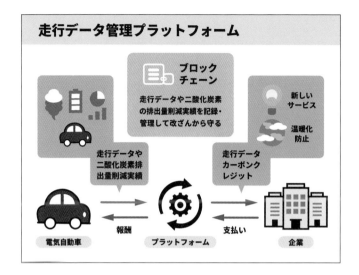

走行データ管理プラットフォーム

ブロックチェーン

走行データや二酸化炭素の排出量削減実績を記録・管理して改ざんから守る

新しいサービス

温暖化防止

走行データや二酸化炭素排出量削減実績

走行データカーボンクレジット

電気自動車 　報酬　 プラットフォーム 　支払い　 企業

というものだ。

　中国のBYDは、電気自動車の分野では大きなシェアを持っている企業だ。特に日本では、電気バスを公共交通機関に納車した実績を持っている。VeChainやDNV GLと共同でブロックチェーンを採用した走行データ管理プラットフォームを開発し、そこに前述の仕組みを取り入れた。

　BYDのプラットフォームでは、電気自動車で二酸化炭素の排出量を減らすことができた場合、実績をカーボンクレジットとして売却することができるようになっている。カーボンクレジットを購入した企業は、自分たちが二酸化炭素を削減したことにでき、さらにこのシステムでは、走行データも売却することができるようになって

113

いる。

電気自動車の持ち主は、自分の走行データとカーボンクレジットをプラットフォームに参加している企業に提供することで、インセンティブを得て、それを商品やサービスの支払いに利用することができるメリットを得る。

今までの電気自動車では、カーボンクレジットを扱うための統一されたプラットフォームが存在しないため、企業は断片的なデータしか得ることができないという問題があった。

一方で、BYDのプラットフォームでは、走行データとカーボンクレジットの蓄積にブロックチェーンが使われているため、それが改ざんされず、真正なるものとして証明できるようになっている。

もう1つの事例は、自動車部品大手デンソーが取り組む自動運転車への活用だ。デンソーは車載するデータをブロックチェーンに記録することで、車の情報を改ざんから保護しようとしている。

これにより、事故に巻き込まれた場合に、改ざんできないデータによって法的に車の所有者や自動車メーカーを守ることに繋がる。加えて、走行記録やメンテナンス記録を残すことにより、中古売却時にその車に関する過去の履歴を証明できるようになる。

このように、ブロックチェーンを使うことにより、車そのものの信頼性を強化でき、付加価値を与えることができるようになるのだ。

事例
17

商品真贋鑑定

ダイヤモンドに真贋鑑定が必要な理由

人工・偽造品の流通

天然ダイヤ？　人工？合成？

真　？　偽

信用できる相手を見つけるのも大変だし怖くて買えないね

紛争資金目的の取引

売上　武器の購入

取引

情報の信頼性が重大だからこそブロックチェーンなんだ

　日本に住んでいると、売られている商品が本物であるという前提で接しがちであるが、高価な製品ではどうしても真贋証明が求められる。とりわけダイヤモンドは様々な背景があり、真贋証明の必要性が高い商品の1つだ。

　最近は顧客が商品の流通の透明性を求めるのが当たり前の流れになっており、ダイヤモンドも例外ではない。

　そして、ダイヤモンドのために血を流している人たちの問題が存在している。

　業界的にもダイヤモンドのために紛争が起きている地域や、子どもの強制労働がある地域からのダイヤモンド取引を排除する動きになっている。

　さらに、ダイヤモンド特有の厄介な問題がある。それが、研究室で成長させたラボ・グロウンダイヤモンドだ。

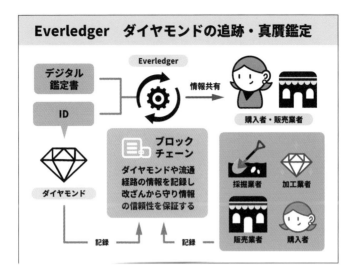

図　Everledger　ダイヤモンドの追跡・真贋鑑定

　ラボ・グロウンダイヤモンドは、これまでの人工ダイヤモンドと異なり、天然ダイヤモンドと完全に同じ成分や特徴を持っているため、天然ダイヤモンドと偽って流通している場合があるという。

　ダイヤモンドは地球深部のマントルで何億年という時間をかけて生成される。しかしその元素は炭素であるため、高温高圧のマントルを再現できればダイヤモンドができるのではないかという研究がされてきた。そこで長い研究の結果、できあがったのがラボ・グロウダイヤモンドである。

　しかもこのラボ・グロウダイヤモンドは鑑定士でも本物と偽物を見分けるのが難しいくらいよくできている。

　これらの背景が、ダイヤモンドの真贋証明の必要性を

後押ししているのである。

　英国の Everledger は、早期からブロックチェーンの Hyperledger Fabric を使い、ダイヤモンドの追跡や真贋鑑定システムを構築した企業だ。

　しかし、現実的にダイヤモンドは QR コードやタグをつけて追跡することができない。

　そこで、Everledger ではダイヤモンドの本体をスキャンし、それに固有 ID を割り振り、デジタル化された鑑定書と一緒にブロックチェーンに記録する方法を採用した。既に数百万点のダイヤモンドへの固有 ID 付与が完了しているという。

　イーサリアムのシステムでは、ダイヤモンドが採掘業者や加工業者、販売業者や購入者の間を行き交う過程をブロックチェーンに記録するようになっている。

　これらの仕組みにより、ディーラーや消費者は ID を照会システムに入力することで、原産地や製造流通過程といったダイヤモンドの情報を閲覧することができるのだ。

　ブロックチェーンを使うことで、紙中心のやり取りになっていたダイヤモンドの取引が効率化される他、改ざんされないブロックチェーンのおかげで鑑定書の偽造が不可能になる。

　ダイヤモンドの商品真贋鑑定は、今までアナログだった分野がブロックチェーンにより特に効率化できることが示された例と言えるだろう。

電子健康プラットフォーム

医療機関データ保管の問題点

データを破棄できない

万が一の医療ミスで将来訴訟を起こされる可能性を考えると患者のデータを捨てられない

データが共有されない

医療機関ごとにデータが分断され他の医師・病院・その他医療機関が救急時に対応できない

　私は、病院に行くと毎回面倒だなと思うことがある。診断カードの存在だ。

　診断前に、自分の持病や手術歴、飲んでいる薬など、以前行ったことがある病院ですら書かされることが少なくない。もちろん違う病院に行くとそのたびに同じことを書かされる。既にITが普及した世の中なのにだ。

　これは、医療機関がそれぞれ独自のシステムを使い、そのデータが医療機関ごとに分断されて保管されていることに原因がある。そして、医療機関にとってもデータ保管についての現状は厄介な問題を抱えている。

　日本では法律上のカルテの保管期間は治療完了から5年と義務付けられている。そのため、法律上は5年経ったらそれらのデータを破棄しても問題はない。

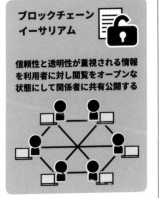

一方で、医療ミスによる民法上の損害賠償請求権は時効まで20年もあるため、カルテを５年後に破棄をするのは、万が一の裁判が起こったときに自分たちを不利にすることに繋がる。現実的には破棄したくてもできないのだ。仮に、患者が20年以上前の手術で金属を埋め込んでいて、それを忘れていたとしたら、その後 MRI 検査で命に危険が及ぶ可能性だってあり得る。強い磁気を利用する MRI 検査では、金属を身にまとっているのはリスクとなるからだ。

このリスクは、カルテの長期保管が容易で、医療データが分断されていなければ回避できる可能性がある。

このように、医療データの保管の現状に少し注目してみるだけでも、医療データの分断化による問題は、究極

的に言えば医療関係者に限らずすべての人にとってリスクになる。

英国の MedicalChain では、ブロックチェーンを使いこれらの医療データの分断化を解決しようと取り組んでいる。MedicalChain のシステムは、すべての医療記録は Hyperledger Fabric と呼ばれるブロックチェーンに記録される。Hyperledger Fabric は、コンソーシアムブロックチェーンと呼ばれるタイプのブロックチェーンで、完全オープンではない。プライバシー性が高い情報を扱うためには、ある程度閉じられた環境が必要だからだ。そして、MedicalChain では、Hyperledger Fabric とは対照的に完全オープンなブロックチェーンであるイーサリアムも利用される。イーサリアムは、医療保険に関するタスクなど、信頼性と透明性が重視される、従来であれば仲介者が必要な部分に利用されるようになっている。

MedicalChain は、既に MyClinic.com とよばれるサービスを提供し、患者がオンラインで医師に健康相談をすることができ、それらの履歴をブロックチェーンに記録している。記録された医療データは、即時検索で調べることができるようになっている。

医療業界は、古くからある業界なので、既得権益層の勢力が強いのが事実だ。しかし、ここまでブロックチェーンと相性が良い分野というのはそうあるわけではない。長期にわたり、ゆっくりとではあるが、ブロックチェーンが浸透していくはずだ。

ブロックチェーン宅配ボックス

　通信販売の利用は当たり前になっている現在、宅配業者にとって頭が痛いのは再配達の多さになる。

　国土交通省の2019年10月の調査によると、宅配便の再配達の割合は全体の15.0％に及ぶという。再配達は、温室効果ガスの排出量を増加させ、ドライバー不足を深刻化させていることから、国土交通省ではこれを重大な社会問題と位置づけているほどである。

　現在では簡易宅配ボックスの設置やコンビニ受け取り、指定の場所に荷物を置く置き配などの試みが行われているが、依然として再配達は多いままとなっている。

　宅配における再配達の最適化も、ブロックチェーンによって実現できる事例の１つだ。

　小売企業のパルコとセゾン情報システムズが行った実

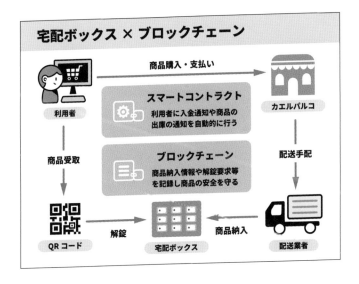

証実験では、Webサイト上で商品の取り置きを依頼し、店頭で受け取ることができるショッピングサービス「カエルパルコ」で、店舗に設置した宅配ボックスの履歴をブロックチェーンで管理する試みが行われた。

このシステムではブロックチェーンのスマートコントラクトによって、消費者に自動で商品の入金や出庫連絡が通知されるようになっている。最終的にQRコードを使った本人認証によって宅配ボックスが解錠でき、商品を取り出せるようになる仕組みだ。

ブロックチェーンと宅配ボックスを使うことにより、データ改ざんのおそれやサービス停止のリスクを排除できることから、宅配ボックスを使った商品の引き渡しも店頭と同等の信頼性を確保できることが見込まれている。

将来的にはこれに加え、商品の受け取りを条件とした代金引換を宅配ボックス上で実現することも視野に入れられている。

　類似の取り組みはシンガポールでも行われている。シンガポールでも日本と同様、再配達が問題になっており、Fresh Turf では、再配達も含むより広範囲な物流の最適化に取り組んでいる。

　Fresh Turf は「分散型ロッカー配送」と呼ばれるソリューションを作り、ブロックチェーンを使うことでセキュリティを維持しながら、販売会社、物流会社、ロッカー会社、消費者間の取引を管理できる仕組みを実現した。

　本来、分散型ロッカー配送のようなシステムはプライバシーを守ることが難しいため、複数の会社や消費者で情報を共有することは困難であった。しかしブロックチェーンを使うことにより、当事者のみで安全に情報を記録、参照することができるようになるため、様々な会社が参入しているシステムでも情報を一元管理できるようになる。

持続可能な地下水の利用を実現するすべてのプロジェクト

地下水管理の問題点

管理が難しい3つの問題

① 水量の増減を予測　② 貯水量の把握と管理　③ 消費量の計算と配分

正しく地下水を予測
管理して配分をする
良い方法ってある？

この問題ではIoTと
ブロックチェーンを
上手く組み合わせる
ことで解決するんだ

　日本は水資源が豊かなので、日本に住んでいる私たち
は日々の水の使用量を気にするということはほぼないだ
ろう。

　しかし世界を見渡すとそれは例外的と言える。特に米
国のカリフォルニア州は、水の使用量に神経を尖らせて
いる地域だ。

　日本でしばしばカリフォルニア産のオレンジを見かけ
るように、カリフォルニアでは農業が非常に盛んである。
当然ながら農業では大量の水を消費するが、カリフォル
ニアの水事情は日本と比べて遥かに厳しい。

　カリフォルニアでは直近でも2011年から2017年にかけ
て記録的な干ばつが発生している。

　カリフォルニアには、約1300の貯水池があり、冬の降

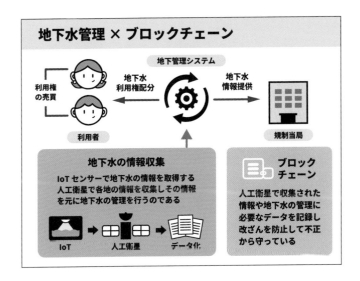

水を蓄えて夏の乾季に備えるようになっている。それで
も、干ばつが始まった2011年の12月は、サンフランシス
コで降水量がわずか3.5ミリメートルとなり、余裕を持っ
て夏の水需要をまかなうことが困難になっていった。そ
の後も、カリフォルニアの降水量が少ない状態は続き、
2014年1月には州全体に緊急事態宣言が出され、同年4月
には水の無駄遣いを禁じる州知事命令が出されるに至っ
た。

　最終的に、2014年9月、カリフォルニアでは地下水管理
法(SGMA)を可決し、地下水の採取を規制することになっ
た。この法律による、地下水の持続性の達成時期は2040
年と、まだまだ先にはなっている。

　達成時期がかなり先になっている通り、地下水の管理

というのは容易ではないようだ。地下水がどれだけある
かを把握し、これらが今後増えるか減るかの予測をしな
いと適切に消費が可能な量を算出することは難しい。さ
らに、消費者への地下水の配分量を厳密に管理する必要
も出てくる。

　ここで役に立つのがIoTとブロックチェーンだ。

　カリフォルニアでは、IoTセンサーが地下水の情報を
取得し、それを人工衛星でまとめて収集していく仕組み
が構築された。さらに収集したデータを元に降水や天気
などの関連情報と連携し、地下水の情報を正確に把握す
るようになっている。これらのデータはブロックチェー
ンに記録される。

　また、カリフォルニアではブロックチェーンを使って
消費者の水の利用権を売買できるようにもした。例えば、
ある事業者が水をあまり使わなかった場合、水をもっと
使いたい事業者に自分の権利を売ることができるように
なる。利用権の仕組みを導入することによって、全体で
使用される水の利用量の上限を超えることはなくなる。

　もちろん、地下水のデータや利用権の売買はブロック
チェーンを通じて行われるため、改ざんされることはな
い。そのため、不正によって水を過剰に利用されるとい
うことがなくなるというメリットが得られる。

　まだこれらは試験運用段階であるが、データの改ざん
が許されない仕組みの運用において、ブロックチェーン
が役に立つ好例と言えるだろう。

第三章

アート、商品等

ブロックチェーンはアート作品、音楽など著作権物とも相性がいい。なぜならブロックチェーンでその作品が唯一無二であることが証明できるからだ。ここからはそれらに関する事例を見ていこう。

アート作品の流通・評価

贋作が流通してしまう原因

美術品証明書の短所

管理が不統一　改ざんが容易

贋作ばかりだと証明書の信頼性は絶対に必要だよね

美術品鑑定の短所

鑑定会社

鑑定コスト　時間がかかる

信頼性を証明するのにブロックチェーンは役立っているんだ

　アートは、人類が登場してから長い間存在し、産業としても250年間以上前から継続して成長している極めて特殊な業界だ。C. McAndrew によると、アート業界の2018年の全世界の売上高は約7兆円に達するという。

　アートは昔からある業界だからこそ、IT が進んだ今の時代でもにわかに信じられないことが起こっているという。特に贋作の問題は深刻で、Fine Art Expert Institute は、現在流通している美術作品の50％は贋作であるという調査結果を2014年に発表している。

　贋作の問題は、美術作品が本物であるかどうかという出所の問題、そしてどのような人々の手に渡ってきたかという来歴の問題がある。

　現状の出所の問題は、証明書を使って真正性を担保す

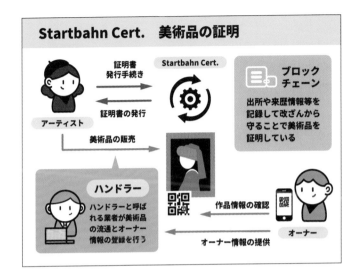

る方法がある。しかし、改ざんが容易で統一された企画
や管理方法がない紙の証明書が用いられている上に、証
明書そのものが改ざんされてしまう可能性がある。これ
では、本末転倒だ。

そして来歴の正確性は、専門家の鑑定で担保すること
になるため、時間と鑑定コストが自ずとかかってしまう。

業界にはびこる一番の問題を解決するためにあまりの
非効率を生むのが、アートの世界だということになる。
日本発のスタートアップ Startbahn は、ブロックチェー
ンを使うことでこれらの問題を解決しようとしている。

Startbahn Cert. と名付けられたシステムでは、アー
ティストが Startrail と呼ばれるブロックチェーンのプ
ラットフォームを使い作品の証明書を発行する。そして

ハンドラーと呼ばれるアートを取り扱う事業者や機関を経由して、作品が世間に渡っていく。作品のオーナーが変わるとその都度ブロックチェーンに作品の所有権情報が書き込まれ、新しいオーナーはアートに添付されたカードやシール上にある QR コードを読み取ることによって、作品の出所や来歴を確認することができるという仕組みである。

さらに、Startrail にはブロックチェーンらしい機能が付いている。証明書には、二次流通時にアーティストに還元金を支払うかどうか、改変の条件や出品・流通制限の情報が追加できるようになっている。また、デジタル時代を見越してデジタルアートに対応できるのもポイントだ。

少し技術的な話を加えると、Startrail にはパブリックブロックチェーンのイーサリアムが使われている。証明書は、ノン・ファンジブル・トークンと呼ばれる唯一性があるトークンで扱われるため、このトークンの規格に対応したアプリからであれば、専用のアプリを使わなくても証明書の移動や閲覧ができるようになっている。

現実的に、Startbahn が取り組むアートのように、昔から存在している業界は古い慣習が古く、新しい技術を入れていくのが容易ではない。Startbahn では東方文化支援財団をはじめとする、アートに関する組織と提携をすることで、ブロックチェーンを使ったシステムへの参加者を増やしていこうとしている。

事例
22

著作権保護

音楽業界の著作権が複雑な理由

権利者が複数存在

演奏者　作詞・作曲家　編曲者

権利の管理が不統一

団体管理　？　個人管理

作品権利

著作権が複雑で不透明だと利用手続きに手間取ってしまうね

ブロックチェーンを使った権利情報処理システムがあるんだ

　今や誰もが簡単にデジタルコンテンツを作成できるようになったが、それらのコンテンツはどれも著作権によって守られている。個人が作ったコンテンツであれば著作権はその個人のものだけであるが、他のコンテンツがそうかと言われると必ずしもそうではない。

　例えば、音楽は権利が複雑なコンテンツの1つだ。

　楽曲1つを見ても、作曲者や作詞者がいて、それを歌ったり演奏したりするアーティストが存在している。さらには編曲者がいるかもしれないし、引用した音源について権利者がいるかもしれない。

　今までは、それらの権利情報は業界団体などによる特定組織や作者自身によって管理されており、権利の登録や証明、利用の手続きが大変だった。しかも、管理して

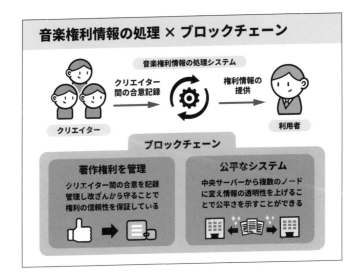

音楽権利情報の処理 × ブロックチェーン

音楽権利情報の処理システム

クリエイター間の合意記録

権利情報の提供

クリエイター

利用者

ブロックチェーン

著作権利を管理
クリエイター間の合意を記録管理し改ざんから守ることで権利の信頼性を保証している

公平なシステム
中央サーバーから複数のノードに変え情報の透明性を上げることで公平さを示すことができる

いる側に透明性がなかった。

　これにより最も被害を受けるのはアーティストだ。アーティストが受け取る金額が少なくなり、またすぐに支払いを受けられないなどの弊害が発生していた。

　この問題の解決を目指したのが、ソニーとその系列のコンテンツ事業会社が作った音楽権利情報の処理システムだ。Hyperledger Fabric というプライベートチェーンが採用され、これが Amazon のクラウドサービス上で展開されている。

　このシステムでは、共同制作など複数のクリエイター間の合意をブロックチェーン上に記録していく。そして、それらの記録を利用して著作権の登録を効率的に処理することができるというものだ。

利用者は、権利情報の登録や証明を特定の組織ではなくブロックチェーン上に構築されたシステムに対して申請すれば良いため、これまでの一連の著作権管理の手続きが迅速になることが見込まれている。

　このシステム自体はブロックチェーンがなくても実現可能なものだが、ブロックチェーンでなければならない音楽業界特有の事情がある。

　音楽の場合、必ずしもその楽曲がソニーのグループ内だけで利用されるとは限らない。特に、他社がこのシステムを利用する場合、中央サーバーだとソニーが他社の権利を傘下に収めたかのように見えてしまうため、音楽業界の広範囲にわたりシステム利用の同意を得ることは難しくなる。

　しかし、ブロックチェーンであればその問題を解決することができるのである。データを改ざんされることがなくなり、透明性を持って、公平なシステムの運用が可能になる。そのため、利用者が公平な立ち位置になり、他社からも同意を得やすくなるというメリットが得られるのである。

　ソニーでは、既にこのシステムを使った「soundmain」と呼ばれる一般向けサービスをリリースしている。

　soundmain は、ブロックチェーンや AI などを使い、より効率的に音楽制作ができるプラットフォームだ。権利処理が不要な音源素材配信ストアが提供され、クリエイターは著作権を気にせずに音源が利用できる。

　このシステムも、ブロックチェーンが向いている条件

が揃っている。それは不特定多数が利用するということだ。複数の権利関係者が使い、複数の会社が使うこと。そして、システム上で扱われる情報には信頼性が求められるということだ。

シェアリングエコノミー

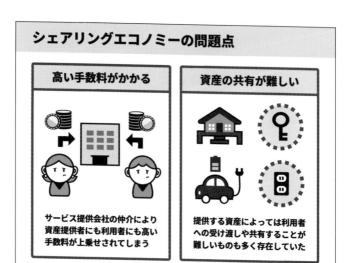

シェアリングエコノミーの問題点

高い手数料がかかる

サービス提供会社の仲介により資産提供者にも利用者にも高い手数料が上乗せされてしまう

資産の共有が難しい

提供する資産によっては利用者への受け渡しや共有することが難しいものも多く存在していた

　最近では、シェアリングエコノミーがだいぶ一般化してきた。自分の車を貸すサービスや、使わない家を宿泊用として貸す民泊が代表的だ。また、新型コロナウイルス流行による巣ごもり需要で利用が急増した Uber Eats も、自分が持つ移動手段を提供するシェアリングエコノミーの1つだ。

　自分が持っているものを貸すというのは、一部の人にとっては抵抗があることかもしれないが、実際には、既に世界の66％の人が、金銭的な利益のためであれば自分の資産を他人と共有しても良いと考えているようだ。そして、2021年には、8,650万人がシェアリングエコノミーを使うと予想されている。

　そんなシェアリングエコノミーも、ブロックチェーン

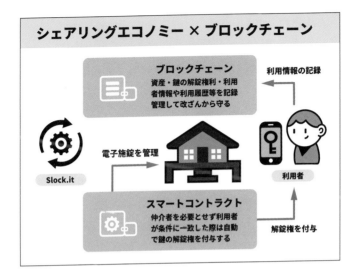

シェアリングエコノミー × ブロックチェーン

ブロックチェーン
資産・鍵の解錠権利・利用者情報や利用履歴等を記録管理して改ざんから守る

利用情報の記録

Slock.it

電子施錠を管理

スマートコントラクト
仲介者を必要とせず利用者が条件に一致した際は自動で鍵の解錠権を付与する

利用者

解錠権を付与

と相性が良い領域である。

　シェアリングエコノミーサービスには、サービスの提供会社という仲介者が存在している。Airbnb や Uber などがそれにあたる。彼らは多くの手数料を徴収することで、自らのビジネスを成り立たせている。

　もちろん、サービスを提供すること自体はとても価値があることだ。しかし、本来の利益の源泉は、自分の資産を他人に提供した人である。彼らの利益が最大化するのが望ましい姿とも言える。

　サービスの提供会社がある意義の1つが、利用者のマッチングを安全に行えるようにすることだ。これは、ブロックチェーンのスマートコントラクトである程度置き換えることができる。

ドイツのSlock.it社は、ブロックチェーンを使ったシェアリングエコノミーに関連するサービスを手掛けている企業で、Universal Sharing Network（以下、USN）というサービスでは、人の管理をできるだけ省き、遊休資産をお金にできる仕組みを提供している。

　例えば、USNを利用することでスマートフォンを使い、民泊施設の鍵の開け閉めが実現できるようになる。

　民泊で誰かの家に泊まる場合、現状では家の鍵の受け渡しは、直接オーナーとの対面や管理代行会社を通して行われる。民泊は世界中の人が利用するため、言語の問題などで鍵の受け渡しがスムーズにできないリスクがあるが、Slock.itのUSNでは鍵を電子錠にし、その解錠をアプリで実現することができるようにしている。解錠の権利をブロックチェーンに記録し、民泊の利用者は権利が有効なときだけ鍵を開けることができるようになるという仕組みだ。これによって、鍵を引き渡すという作業を省くことができるようになり、民泊がよりスムーズに利用できるようになる。

　Slock.it以外にも、シェアリングエコノミーのブロックチェーン活用の動きは進んでいる。

　日本では、公共空間で電源ソケットを安全に共有できるようにする試みが、中部電力、アステリア、Nayutaの三社合同で行われている。

　電気を供給する電源ソケットは、プラグを挿せば誰でも使うことができるようになっている。これは、公共的なオープンになっている場所でも同じことだ。

しかし、実際には電源ソケットには必ず誰か所有者が
いて、所有者が許可しない利用は電気の窃盗にあたる。
しかし電気の窃盗を完全に防止することは現状では難し
い。

理想は所有者が許可した利用者がプラグを挿したとき
のみ、電気が供給できるようにすることだが、ブロック
チェーンでは、このようなことも実現しやすくなる。

この試みでは、電源ソケットの持ち主から、利用期間
が指定された情報が書き込まれているトークンが利用者
に送られ、利用者はスマートフォンのアプリで電源ソケッ
トと Bluetooth 通信することで電気を利用することがで
きるようになる。

電子錠や電源ソケットの取り組みは、モノがインター
ネットに繋がるようになった今だからこそ実現できるよ
うになった。ブロックチェーンを使うことにより、コス
トをほとんどかけずに利用者の使用権を細かく設定でき
るのは、今までになかったことである。

シェアリングエコノミーと言われて、想像しやすいの
はシェアサイクルやシェアカーではないだろうか。ブロッ
クチェーンは何かを共有するときにもその特性を発揮す
る。そのため、カーシェア等とはとても相性がいい。

ブロックチェーン技術を使ってカーシェアリングサー
ビスを提供している Darenta は全世界120カ国で展開し
ている。カーシェアが行われるときの仲介役を分散型プ
ラットフォームに置き換えているところが特徴で、この
分散型プラットフォーム上のプログラムが暗号化された

スマートコントラクトとなっている。

　ユーザーには利用時のコメントや推薦、事故履歴が記録され、さらにレイティングという評価がつく。このレイティングはブロックチェーンで管理されているので、不正操作や改ざんがかなり困難になっている。

　これにより、芳しくない評価を受けたユーザーは利用が制限されて淘汰されていき優良ユーザーが残っていくことになるだろう。

　日本ではトヨタ自動車もトヨタ・ブロックチェーン・ラボにてカーシェアリング、自動運転車両、自動車保険分野等でのブロックチェーン技術開発の研究を既に開始している。

　豊かになっていけばいくだけ、シェアするという文化は根付いていくはずであり、それが安全に公正に運用されていくとなれば一気に広がっていく可能性を秘めている。物が余る時代だからこその新しいサービスとなり得るのである。数年後はトヨタ以外の大企業もこの分野に進出しているかもしれない。

テレビコレクションシステム

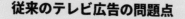

従来のテレビ広告の問題点

一方的なテレビ広告

視聴者に対してテレビの広告は
視聴者の好み等関係なく一方的
にただ流しているだけであった

不透明な視聴レポート

広告主に対してテレビで流した
広告のレポートが不透明で広告
効果があまり実感できていない

　昔から力があるメディアと言えばテレビを思い浮かべる人は多いと思われるが、30代より前の層では、家にテレビがないということも増えている。

　若い層からは終わったコンテンツと見なされることが多いテレビであるが、それを払拭すべく昔ながらのビジネスモデルからの転換を図ろうとする動きが見られている。例えばドイツの TV-TWO は、新しいテレビ広告のモデルを作ろうと取り組んでいる。

　従来のテレビ広告では、テレビから一方的に流される広告を視聴者がただ見るだけであった。もちろん、広告は視聴者の好みと合致しているとは限らず、広告主にとっては、テレビ局から不透明なレポートを受け取るだけで、広告が本当に効果的だったかわかるとは限らない

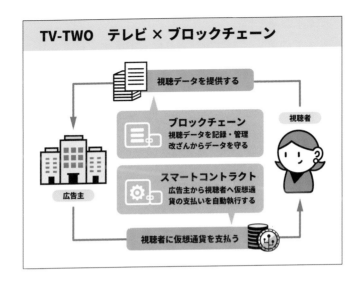

ものだった。

　TV-TWO はスマートテレビやスマートフォンを使う視聴者に対して、広告を見ると仮想通貨がもらえるモデルを採用した。

　ブロックチェーンのスマートコントラクトにより、広告主から視聴者に直接 TTV と呼ばれる仮想通貨が支払われるため、広告主はどれだけ広告が見られているか、嘘偽りない状況を把握することができるようになる仕組みである。また、広告自体はインターネットから配信されるため、視聴者の好みによって広告をパーソナライズすることもでき、広告主は購入に至るまでの追跡評価ができるようになる。しかも、すべての視聴統計はブロックチェーンに記録されるため、広告主は信用できるデー

タで効果測定を行うことができるようになる。

　今までのテレビでは視聴者にとって広告を見るメリットがなかったものを、TV-TWOはブロックチェーンにより広告主の利益を損なわない形で視聴者にもメリットを出せるようになっている。

　もう1例紹介しよう。

　日本で試みられているLiveTV-Showだ。

　今の新しいメディアはタレントや有名人以外に、一般人やセミプロと呼ばれる層に注目している。この傾向は今までテレビにはなかったことだ。テレビ業界が注目し出したのはこれらの層である。しかし、彼らを発掘できるのはキー局ではなく、地方に拠点を置くローカル局であると言われている。ローカル局は、その土地で信頼があり、地元の一般人に出演してもらうことにより、番組を盛り上げることができるからだ。

　実際にこれを意図した試みが、NST新潟総合テレビのローカル番組「八千代ライブ」で行われた。

　番組では、番組発のアイドルユニットを応援するために、ブロックチェーンを使ったコンテンツプラットフォームLiveTV-Showを使ったコンテンツ販売が行われた。ブロックチェーンが使われる理由は、コンテンツに希少性を持たせることができるからだ。そのため、1枚しかない写真を1人しか持てない数量限定のアイテムとして販売することができ、コンテンツ販売の幅を広げることができる。これらの事例のように、旧来のメディアであるテレビでもブロックチェーンの活用によって、コンテンツの価値を高める試みが行われているのである。

ブロックチェーン技術を活用したスマート洗濯機

IoT の問題点

システム維持費が莫大

通信　データ　分析

インターネットに接続されたIoT
機器を管理するには莫大なコスト
がかかってしまう

セキュリティーの不安

IoT 機器は皆1つの場所に情報が
集まり狙われやすいため、セキュリ
ティー対策が重要になってくる

「本当に洗濯機がインターネットに繋がる必要があるの
か？」という議論はさておき、今や洗濯機ですらインター
ネットに繋がるようになる時代だ。

　コンピューター以外がインターネットに繋がることは、
モノのインターネット（IoT）と呼ばれるが、モノを単純に
インターネットに接続すれば良いというわけではないよ
うだ。

　現在のシステムの多くは、どこかに集中型で配置され
ていることが一般的だ。このような状況でモノをインター
ネットに接続すると、様々な問題がつきまとうようになっ
てしまう。

　インターネット越しのモノの先には、連携させるため
の何らかのシステムがある。そのシステムが集中型の場

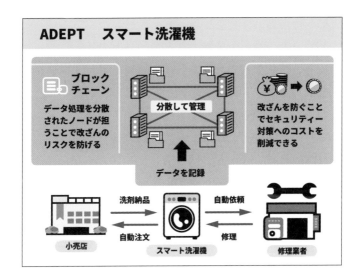

ADEPT　スマート洗濯機

ブロックチェーン
データ処理を分散されたノードが担うことで改ざんのリスクを防げる

分散して管理

改ざんを防ぐことでセキュリティー対策へのコストを削減できる

データを記録

小売店 ── 洗剤納品 →　スマート洗濯機　── 自動依頼 → 修理業者
小売店 ← 自動注文 ──　スマート洗濯機　← 修理 ── 修理業者

合、規模が大きくなるとそれを維持するコストが莫大になってしまう。具体的には、通信装置やデータ保管装置、分析処理装置の投資コストが上がってしまい、そして、それらの拡張にはどこかで限界が生じてくる。

　また、セキュリティの問題もついて回るようになる。セキュリティというのはあらゆる製品で確保されているわけではない。特に安価な製品は、現実的にセキュリティ対策に原価が割かれていない場合がある。そのような製品が大量にインターネットに繋がることで、製品から収集された個人情報が狙われやすくなるリスクが出てくる。しかも、集中型システムは狙う側からすると狙いを定める場所が非常にわかりやすい。

　集中型のシステムがダメであれば、ブロックチェーン

との相性が良い分散型ということになる。

　ブロックチェーンを使うことで製品との通信やデータの保存、情報処理など、あらゆる処理をネットワーク上に分散したノードが担うようになる。例え、外部からハッキングをされたとしても、製品との通信履歴が改ざんされるリスクと決別することができるのだ。

　IBM と Samsung は、ADEPT（Autonomous Decentralized Peer-to-Peer Telemetry）という仕組みを作り、IoT 機器に適用した実証実験をスマート洗濯機で行った。この取り組みは、世間がほとんどブロックチェーンに注目していない2016年に実証実験が行われている。

　実証実験では、ADEPT を搭載した洗濯機が、洗剤の残量が低下しているのを検知すると、小売店に発注メッセージを送信し、スマートコントラクトを使って支払いを実行、それらを洗濯機の所有者に報告するということが行われた。また、洗濯機が故障を検知すると、自動的に修理や補修部品を手配する。

　今回の事例は洗濯機なので、インターネットが必要になる頻度はそれほど多くない。しかし、インターネットと頻繁に通信する製品でブロックチェーンが使われれば、消費者の安全はより守られ、企業がサービスを安価で提供できるようになることだろう。

ブロック
チェーン
スマホ

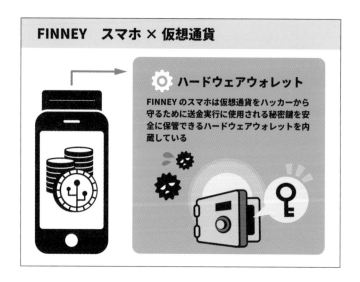

FINNEY　スマホ × 仮想通貨

ハードウェアウォレット

FINNEYのスマホは仮想通貨をハッカーから守るために送金実行に使用される秘密鍵を安全に保管できるハードウェアウォレットを内蔵している

　私たちが普段使っているスマートフォンは、今や老若関係なしにあらゆる世代が使う生活の必需品となっている。人々にとって最も身近なコンピューターが今はパソコンではなくスマートフォンなのは間違いない。

　一方で、仮想通貨は日本だと全人口に対して3%程度にしか普及していない。事実として一般人にとって仮想通貨の使い勝手は極めて悪いだけでなく、色々と問題も多い。

　そのようなことから、世界ではベンチャー企業が中心となって仮想通貨やブロックチェーンと親和性が高いスマートフォンの開発を行っている。

　スイスに拠点を置くSIRIN LABS（シリンラボ）は、FINNEY（ファニー）という堅牢性の高いセキュリティスイートと内蔵型コールドストレージウォレットを標準装

備した世界初のオープンソースブロックチェーンスマートフォンを販売している企業だ。

　そのSIRIN LABSは、FINNEYを販売する前の2016年に、Solarinと呼ばれる高級スマートフォンを販売していた実績を持っている。Solarinの当時の価格は、日本円にして約150万円と軽自動車と変わらないくらいの値段になっていた。しかし、現在では個人セキュリティに特化したFINNEYを新たに販売し、10万円程度で購入することができる。

　Solarinは、独自セキュリティ技術を搭載して完全に暗号化された通話やメッセージ送信ができるようになっており、使いやすさと品質、デザイン、どれにおいても妥協したくない機密性が高い情報を扱うビジネスパーソン

に向けた製品だった。

FINNEYは、仮想通貨の使い勝手の悪さをなんとかしたいという考えで開発されており、Solarinで培ったセキュリティ技術を応用して作られている。その中の1つが、FINNEYに内蔵された仮想通貨のハードウェアウォレットになる。

スマートフォン上で仮想通貨のウォレットを扱う上で最も重要になるのが、言うまでもなくセキュリティだ。スマートフォンは常時インターネットに接続されるため、スマーフォン上にあるウォレットのセキュリティが低いと、資金を失うことに直結する。

そこでFINNEYでは、独自の「SIRIN OS」を搭載し、ハードウェアウォレットを本体からスライドさせて利用者の意思でスイッチをオンにする仕組みを用意することで、セキュリティを最大限にまで高めネットワーク攻撃やUSBからの攻撃などを防ぐことに成功した。

FINNEYの発想は力技と思いたくなるものの、使いやすさとセキュリティが両立している現実的な落としどころと言えるだろう。

続いて、よりブロックチェーンらしいスマートフォンを紹介する。

それがシンガポールに拠点を置くPundiXが開発したBOB（Block On Block）と呼ばれるスマートフォンである。BOBは、セキュリティを重視しつつも、よりブロックチェーンと密接に関わるスマートフォンとして設計され

FINNEY のイメージ（実際の製品とは異なる場合があります）

ている。

　一般的に、通話やメッセージアプリは、その仕組み上、必ずサービスを提供する会社の中央サーバーと通信をするようになっている。つまり、サービスを提供する会社が何をやり取りしたかはわからなかったとしても、誰とやり取りしたかはわかってしまうということである。

　BOB では誰とやり取りしたかすらわからなくすることができる技術が搭載されていて、その中核を担うのがブロックチェーン技術だ。

　ブロックチェーンの説明の章で、ブロックチェーンは複数のノードで構成されると説明したが、BOB を使った通話やメッセージアプリは、これらのノードにより処理されることになる。そこに中央サーバーは存在しない。

　さらに BOB が接続するブロックチェーンでは、BOBの本体そのものがブロックチェーンのノードとしても動

作をするようになるため、どの端末が処理を行ったのか
の特定は非常に困難になる。

　そのため、BOBには会話を盗聴されては困る世界の要
人から多くの問い合わせが来ているという。

　ブロックチェーンスマホとしては日本人にも馴染みの
あるGalaxyシリーズでもブロックチェーン搭載スマート
フォンを出している。サムスンはアメリカの暗号資産取
引所のGeminiと提携をし、ブロックチェーンウォレット
をスマートフォンに標準搭載している（Galaxy S20）。

　また、別のブロックチェーン搭載スマートフォンとし
て「Galaxy A Quantum」も出ている。こちらは、ブロッ
クチェーンウォレット機能はないものの、ブロックチェー
ンによるID認証システム「Intial」が搭載されている。
このID認証システムはキャッシュレスアプリ（SK PAY）
などを利用するときにも利用者の個人認証として動作す
るようになっている。また、スマートフォンの紛失や盗
難時にも個人情報が流出しないようにブロックチェーン
によって保護されている。

　ブロックチェーンスマートフォンの取り組みは、世界
的にはまだベンチャー企業が中心となっているが、サム
スンなどの一部の大手でもスマートフォンに高セキュア
なウォレットを内蔵するところが出始めているので、今
後技術が普及するにつれてどんどん大手が参入してくる
領域になることだろう。

音楽ストリーミングサービス再生

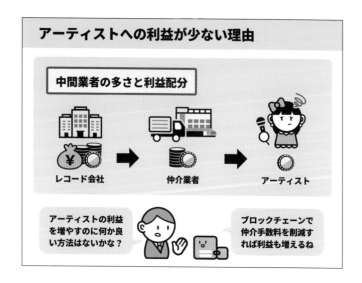

アーティストへの利益が少ない理由

中間業者の多さと利益配分

レコード会社　　仲介業者　　アーティスト

アーティストの利益を増やすのに何か良い方法はないかな？

ブロックチェーンで仲介手数料を削減すれば利益も増えるね

　ブロックチェーンが得意なことに、仲介者を排除できるというものがある。特に音楽業界は仲介者が多く、ブロックチェーンによる新しい試みが行われている。

　もう使わなくなった人も多いと思われるが、音楽の代表的な流通形態の１つに CD がある。

　CD はメジャーレーベルの場合、レコード会社に売上の50％程度、さらに盤面制作者や店舗、流通へと配分され、残りの３〜５％程度が作詞・作曲者やアーティストへの配分となる（あくまでもこれは目安で、各社で配分率は異なっている）。

　そして、最近多いサブスクリプション型のストリーミングサービスでは、レコード会社に入ったお金の３〜５％程度が作詞・作曲者やアーティストへの配分となる。

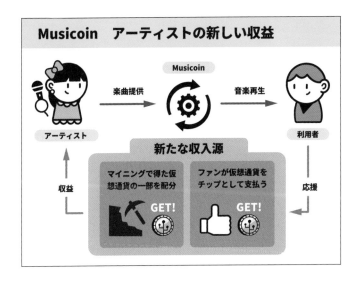

　問題なのは、技術の発展で音楽の流通形態が変化しても、音楽の主役であるアーティストには変わらず微々たる割合しか支払われず、旧態依然とした売上配分が行われていることだ。

　例えば、大手のストリーミングサービスでは、全体の再生回数の割合によってアーティストに配分されるため、自ずと有名アーティストが有利になっているという。

　だからと言って売上を利用者ごとの再生回数で配分するようにすると、管理コストが高くなり、高くなった分はどこかに添加しなければいけなくなるためそれも現実的ではない。このような状況下で、Musicoin は、ブロックチェーンにより現在の音楽業界にある利益配分の構造を大きく変えようとしている。

2020年5月現在、Musicoin で提供されているサービス
はストリーミングである。従来の音楽ストリーミングは、
有料でサービスが提供されるのに対し、Musicoin では利
用者に無料で提供される。しかも無料サービスにありが
ちな広告表示は一切ついていない。

　しかし、現実的にアーティストが収益化できなければ
意味がない。そこで、Musicoin では２つの収益化方法を
提供している。

　１つはファンからのチップだ。ファンが Musicoin に
おけるプラットフォームの独自仮想通貨 MUSIC をアー
ティストに支払う方法だ。そして、もう１つが仮想通貨
MUSIC のマイニングになる。MUSIC をマイニングした
マイナーは、その一部をアーティストに対して配布する
というもの。

　アーティストが受け取る MUSIC は、ブロックチェー
ンにより仲介者を省くことができるため、100％アーティ
ストのものになる。しかも、PPP(Pay Per Play)と呼ば
れるスマートコントラクトにより、厳密な利益配分が実
現される。

　さらに、Musicoin では別のアーティストの曲をサン
プリングして利用した場合、自動的に別のアーティスト
に利用料を払う仕組みも用意されている。このように、
Musicoin では従来の技術でなし得なかったことがブロッ
クチェーンで実現できるようになっている。今後は、さ
らにアーティストへの利益を増やすために、有料ダウン
ロードや関連グッズ販売も計画しているとのことだ。

ブロックされたエッチな

チ使ったウドッグオッチ使

ブロックされたエッチなチ使ったウドッグオッチ

　私たちの生活は、今や様々なインターネットに接続された機器に囲まれている。それらの機器が故障せずに正常動作しているというのは、利用者にとっては当たり前の考えだろう。

　しかし、その当たり前を維持するためには、機器そのものの品質が伴っているという前提の他に、正常動作しているかどうかを監視し、万が一の故障やハッキングが発生したら復旧に向けて迅速に動けるようにしておく必要があり、そのための監視機器はウォッチドッグと呼ばれている。それなりの規模のシステムを持つ企業では、ウォッチドッグは昔から導入されていたが、特にモノのインターネットと呼ばれるIoTの普及が加速してきた現在では、家庭においてもウォッチドッグの重要性が増し

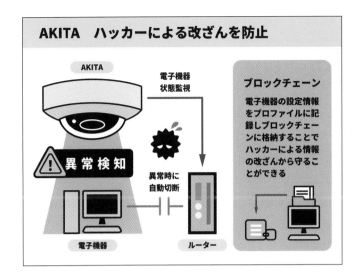

ていると言える。

　もちろん、ウォッチドッグもインターネットに接続されている。そのため、ウォッチドッグを改ざんして、ターゲットの機器をハッキングすれば、本当はハッキングされているけれどもウォッチドッグからは正常動作しているという誤った通知を受け取る可能性はゼロではない。そのためには、ウォッチドッグを改ざんできないようにしておく必要が出てくるのである。

　イスラエルの HighIoT は、AKITA と呼ばれる家庭や SOHO 向けのウォッチドッグを開発、販売している。特にアフターコロナでリモートワークが増えている現在は、機密性や重要性が高いデータが企業の外で扱われる機会が増えているため、AKITA の需要は高まっているという。

AKITAを利用する場合、利用者はAKITAをネットワークを中継する機器であるルーターに直接接続する。AKITAは同じネットワークに接続されている機器を常に監視し、ハッキングにより機器に異常が発生した際には、機器の接続を自動でネットワークから切り離すのだ。

　AKITAが機器を異常検知するために利用しているのが、プロファイルと呼ばれる設定情報がまとめられたデータ。プロファイルと機器の状態を照らし合わせることで、正常状態と違う状態を検知したら利用者に異常を通知するようになっている。

　AKITAは、プロファイルの格納にブロックチェーンを利用している。ブロックチェーンは改ざんできないため、改ざんできないプロファイルを参照していれば、AKITAが安全に正しく機能するという理屈だ。もちろん、プロファイルはAKITAを提供しているHighIoTですら改ざんできないようになっている。

　このように、ブロックチェーンを裏の技術として利用することにより、利用者にさらなる安全を提供することができるようになる。今はまだブロックチェーンを感じさせるサービスが多いものの、ゆくゆくはAKITAのようにブロックチェーンが使われていることを感じさせないサービスが増えていくことだろう。

災害時の
ドローン
分散デプロイ
アクセス
制御技術

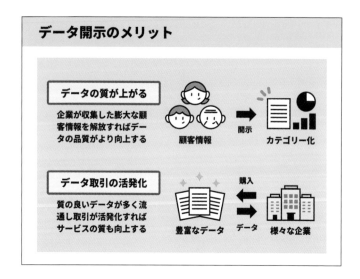

データ開示のメリット

データの質が上がる

企業が収集した膨大な顧客情報を解放すればデータの品質がより向上する

顧客情報 → 開示 → カテゴリー化

データ取引の活発化

質の良いデータが多く流通し取引が活発化すればサービスの質も向上する

豊富なデータ ← データ 購入 様々な企業

　今や膨大なデータを収集するようになるのが当たり前になり、各企業はそのデータを元にして様々なビジネスを行っている。特に、GAFA（ガーファ）と呼ばれるGoogle、Apple、Facebook、Amazonのようなテックジャイアントは、大量に収集した個人情報の扱いがしばしば問題になっている。

　そのようなデータを自社で抱え込まずに社会に開放していれば、より有意義なサービスが生まれてくるはずだろう。より活用しやすい加工されたデータが流通したり、データの取引マーケットが生まれ、データ取引が活発化したりすることは想像に難くない。

　しかし、企業の立場から見ると、データは自分たちが苦労して手に入れた財産であり、積極的に開示したくな

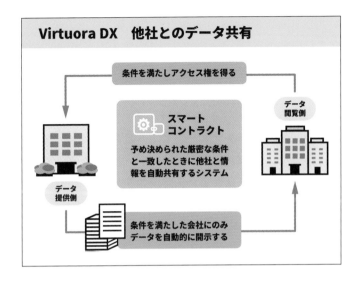

いと思うのも当然だ。企業のデータは点として独立した
ままなのだ。そこで、日本の富士通は独立したデータを
より活用できるための Virtuora DX と呼ばれるシステム
を開発した。

　このシステムでは、企業が集めたデータは、そのまま
企業の手元にある状態で、他社と速やかに共有すること
ができるようになるというものである。それを実現して
いるのがブロックチェーンになる。

　企業のデータはブロックチェーンと接続されているも
のの、ブロックチェーンのスマートコントラクトを通し
て、予め決められた厳密な条件と一致したときのみ、他
社と情報が共有できるような仕組みになっている。

　この仕組みは、ブロックチェーンの世界ではかなり早

い2018年前半から活用が試みられている。

　宮城県仙台市は、2011年3月の東日本大震災の被災を機に、新しい技術を用いた防災や減災の動きを活発化させている。

　仙台市は、2018年3月にドローンが災害対応の役に立つかどうか、ブロックチェーンと組み合わせた形の実証実験を行った。

　実験は、津波が発生した仮定で始まり、ドローンが周辺地域を飛行しながら避難を呼びかける音声を放送していった。それと並行して、どこでどのような救助活動をすれば良いのかを知るための空撮が行われた。ブロックチェーンが活用されたのは、空撮の部分にあたる。

　空撮された写真は、基本的に一般に公開する必要はないが、災害対応の関係者のみに共有できるようにしなければならず、また災害時は緊急性が極めて高くなるため、データのリアルタイム共有が必須となる。

　この事例では、写真に対し「どのようなデータか」「そのデータはどこにあるか」、「誰が登録したか」、「誰に公開するか」などの情報を記録し、公開相手をきめ細かくスマートコントラクトで決定することにより、関係者のみにリアルタイムで写真を共有することが実現できたということだ。

　このように、一見ブロックチェーンがなくても実現できそうな仕組みにおいても、ブロックチェーンを加えることによって、外部と安全に情報が共有できるようになるのである。

ブロッキングエロチブエロック活用のメソッドソーシャルデリシアデイシャル

ソーシャルメディアの問題点

宣伝広告が多い

SALE!

SALE! SALE!

運営側の一方的な対応

SATOU
@kasou12
アカウント
凍結

SNSは自分の意見を
発信できる大切な場
だし改善して欲しい

ブロックチェーンを
使ったSNSがこの問
題を解決してるんだ

　スマートフォンを持っている人なら、何らかのソーシャルメディアを使っているだろう。Instagram や Twitter、LINE や YouTube など、いずれにも言えることは、無料で使えることと引き換えに、広告だらけで、何か不都合があれば自分の投稿が問答無用で消され、アカウントが凍結されてしまうことだろう。

　私たちは日本に住んでいるので、世界的にも言論の自由はある方だが、そうではない国や、言論の自由があってもソーシャルメディアの会社に都合が悪いコンテンツはインターネット上から削除されるということがよく起こっている。

　そのようにならない取り組みの1つとして、Steem は、広告を排除し投稿が第三者から不当に削除できな

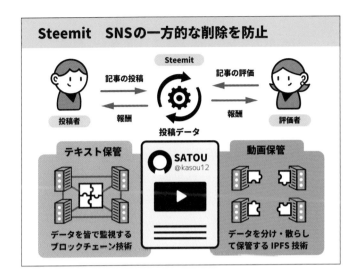

いサービスを提供している。具体的には文章投稿型の Steemit と、動画投稿型の D.tube というサービスである。 Steemit は、利用者がテキストを投稿できる。実際にアクセスしてみるとわかるが、見た目はごく普通のソーシャルメディアだ。

　異なるのはその内部で、Steemit には Steem と呼ばれるブロックチェーンが使われ、投稿したテキストはブロックチェーンに記録されるようになっている。記録されたテキストは永遠に残るため、Steemit も政府もそれを消すことはできない。

　Steemit で新しいのが、投稿者が利益を得られる仕組みになるというもの。コミュニティは、投稿内容が賛同できる内容であれば、「いいね」を押すことで、投稿者に

独自の仮想通貨STEEMが配られる仕組みになっている。また、投稿をキュレーションすることでも仮想通貨をもらうことができるため、有用な投稿をいち早く広めるための活動をした人も恩恵に預かることができる。

D.tubeでは、Steemitと同様に、テキストの記録にSteemブロックチェーンが使われている。一方で、投稿された動画はブロックチェーンには記録できるほどのコンパクトさはない。そのため、動画はInterPlanetary File System（IPFS）と呼ばれる分散型ストレージに保管される。

IPFSは、DropboxやiCloud Driveなどと異なり、データの保管を分散的に行う仕組みのため、サービス提供者の都合でファイルが削除されることを防止できる。管理を分散的に行い、第三者によって容易に削除されない点において、IPFSはブロックチェーンと似た思想を持っているのだ。そして、SteemitにもD.tubeにも広告が一切表示されない。Steemit社は、利用者に配る仮想通貨のSTEEMやSteem Dollarsトークンの取引手数料を収益源としているからだ。しかし、この方法は画期的と言い難い側面もある。STEEMには価格変動があるため、価格が低いと利用者が取引をしなくなり、収益源を圧迫する可能性がある。いずれにせよ、Steemit社が新しい試みをしていることには変わりない。ブロックチェーンに加えて、分散型ストレージを使うことで、ブロックチェーンでも幅広いコンテンツと連携できることをSteemit社が示してくれたと言えるだろう。

番外

オンラインストレージ

この本では、当初ブロックチェーンが実現できる30事例を載せる予定であったが、本の内容が確定する間近に世界的に注目されるブロックチェーンプロジェクトが出てきたので、番外編として紹介させて欲しい。

　最近は、その利便性の高さからクラウドに用意されたオンラインストレージにデータを保存する機会が増えてきている。Dropbox や iCloud、Google Drive は、それらの代表的なサービスだ。

　しかし、従来からのオンラインストレージは深刻な問題を抱えていた。2017時点の IDC と呼ばれる調査会社のレポートによると、世界で毎日2.5EB のデータが新規に生成されているという。これは、多くの人に馴染みがある GB にすると 2,500,000,000 GB というとんでもない容量になる。これらのデータの多くはオンラインストレージに保管されている。

　データを保管するには、最終的に物理的な器が必要になる。代表的なものには、ハードディスクや SSD がある。そのため、オンラインストレージを提供する業者は、絶えず保管設備を更新する必要があるが、物理的なものにはどこかで必ず限界がやってくる。

　さらに、保管するデータが増えれば増えるほど、業者側の管理コストや情報漏えいのリスクが増大する。それは最終的に、利用者に対して何らかの負担として跳ね返ってくることになる。これはもはや世界全体の深刻な問題だ。

　これらの問題の解決を目指すのが、分散型オンラインストレージプロジェクトの Filecoin である。

Filecoinではインターネット上の誰かが自らのストレージを提供する。自分のパソコンのハードディスクの空き容量を誰かに貸すようなイメージだ。データを保管したい利用者は、誰かのストレージにデータを保管することになる。

データは一定の誰かに集中保管されると消失リスクがあるため、IPFSと呼ばれるファイルを分散して保管する仕組みになっている。

データはネットワーク上に分散され、複製されて保管される。利用者がデータを利用したい場合、分散されたデータをかき集めることで元のデータを取り出すことができるようになっている。

しかし、これだけだと誰もストレージを提供しない。提供することの見返りがないからだ。そこで、Filecoinでは、ストレージを提供した人に対して仮想通貨のFILを付与するような仕組みを導入した。利用者は、FILを支払うことで分散型オンラインストレージにデータを預けたり引き出すことができるようになる。

これらの仕組みは一見ブロックチェーンがなくてもできるように思えるものの、少しでも改ざんがあるとまったく使い物にならないシステムになってしまう。

そのため、ブロックチェーンによって保管データの情報を厳密に管理し、ストレージ提供者へのFILの付与を不正なく行うことにより、システム全体の高い信頼性を確保することが実現できるのである。

Filecoinの他にも、似たような仕組みは多数存在して

いるが、この手の分野では Filecoin の話題が突出してい
ることから、ブロックチェーン業界では非常に注目され
ているようだ。

あとがき

この本では、ブロックチェーンの活用事例30＋1を紹介してきた。

本をすみずみまで読んだ人であれば、ブロックチェーンの使いどころはもう明確に理解することができたことだろう。

結局のところブロックチェーンが必要なところは、データの信頼性が求められる部分になる。そして、従来であれば高くかかっていた信用のためのコストを、ブロックチェーンによって大きく削ることができる。単純にこれだけだ。

単純ではあるが多くの物事には信頼性が必要なので、ブロックチェーンが活用できる範囲というのは凄まじく広い。だからこそ、私はブロックチェーンの可能性を強く感じているのである。

この本を通じて、ブロックチェーンによって世界が大きく動くことが一人でも多くの人に伝われば、筆者としてありがたい限りである。

ブロックチェーンが世界を大きく動かすことを知ったなら、次の段階に進むことも可能なはずだ。

・今自分が行っている事業の、こんなことにもブロックチェーンが応用できるかもしれない

・ブロックチェーンを応用することで、日常生活のこんなことがより便利になるかもしれない

そういった視点を持つことができれば、あなたは

『ブロックチェーンを用いて
大きく世界を動かす一人』

となるかもしれない。

用語集

第4次産業革命（P3）
18世紀の最初の産業革命以降の4番目の主要な産業時代を指す。IoT、ビッグデータ、AI、ロボットなどの技術革新により産業に大きな変革をもたらすと言われている。

トークン（P16）
仮想通貨業界では既存のブロックチェーン技術を利用して発行された仮想通貨を指す。

インフルエンサー（P16）
世間に与える影響力が大きい人物のこと。

コングロマリット（P17）
異業種の会社を合併などで吸収し、多種類の事業を営む大企業。または複合企業。

スマートコントラクト（P23）
設定されたルールに従い、ブロックチェーン上のトランザクション（取引）やブロックチェーン外から取り込まれた情報をトリガーとして実行されるプログラム。

コルダ（P24）
複数ビジネス間の取引の記録・管理・法的合意を自動化した分散型台帳。2019年1月31日現在、世界で300団体以上が参加している「R3コンソーシアム」が活用している独自ブロックチェーンシステム。

カルダノ（P24）
オープンソースの分散型ブロックチェーンプロジェクトの名称。エイダコイン（ADA）がそのプロジェクト内で使われている。

分散型台帳（P25）
ネットワーク上で同じ台帳を管理、共有することができる技術。台帳に書き込まれた情報を誰でも確認することができるため、改ざんや偽装を行うことが非常に困難となる。

サプライチェーン（P30）
製品の原材料や部品の調達から、製造、在庫管理、流通、販売、消費までの全体の一連する流れのこと。

シェアリングエコノミー（P30）
モノ・場所・スキルなどの遊休資産を多くの人と共有・交換して利用すること。シェアエコや共有型経済とも言われる。

IoT（P31）
Internet of Thingsの略でモノのインターネットと訳される。あらゆるモノをインターネットに接続し、自動認識や自動制御、遠隔計測などを行うこと。

秘密鍵（P39）
暗号データを復号する際に使う鍵を指し、一般に公開せず、所有者が管理下に置いて秘匿する必要がある鍵。

カストディサービス（P41）
ユーザーの資金・有価証券などの保管や管理などを行うサービスのこと。

Hyperledger Fabric（P52）
Hyperledgerの中で最も普及している代表的なフレームワーク。ビジネス環境において機密保持性と拡張容易性を確保しているのが特徴。

マイニング（P59）
仮想通貨の取引データを承認する作業。ビットコインであれば、作業に対する報酬がビットコインで支払われる。

MLM（ネットワークビジネス）（P67）
口コミによって商品を広げていく「マルチ・レベル・マーケティング」という仕組みを用いたビジネス。

NEM（ネム）（P68）
新しい経済運動（New Economy Movement）の略称で、そのネットワーク上で発行された仮想通貨

（単位はXEM）。分散化、経済的な自由、平等といった原則に基づいた新しい経済の枠組みを確立することを目標としている。

Stellar（ステラ）（P69）
高速かつ低コストで仮想通貨を取引できる送金・決済プラットフォーム。通貨の正式名称は、「Stellar Lumens（ステラルーメン）」。個人向けの決済や送金システムの効率化を目指して作られている。

TradeLens（P72）
ブロックチェーンによってグローバルサプライチェーンをデジタル化・効率化することを目的としたプラットフォーム。

サードパーティ（P73）
当事者からは独立した、第三者団体のこと。

API（P74）
「Application Programming Interface」の頭文字で、ソフトウェアコンポーネント同士が互いに情報をやり取りするのに使用するインタフェースの仕様。

Hyperledger（P84）
分散型台帳技術のオープンソースソフトウェアを開発するブロックチェーン技術推進コミュニティーの

187

こと。

アクセンチュア （P94）
幅広いサービスとソリューションを提供し、世界をリードする総合コンサルティング企業。アクセンチュア株式会社。

カーボンクレジット （P113）
温室効果ガスの排出削減または吸収するプロジェクトを通じて生成される排出削減・吸収量を価値化したもので、企業等が主にカーボン・オフセットへ利用するために取引されるもののこと。

Startrail （P135）
アート作品に関する証明や来歴をより開かれた形で管理することで、流通や評価を実現するためのネットワーク。

ノン・ファンジブル・トークン （P136）
Non Fungible Token。略してNFTともいう。「代替不可能なトークン」という意味で唯一無二の価値を持つという特徴がある。

ハードウェアウォレット （P158）
仮想通貨を通信環境から隔離した状態で保管することのできるウォレット（財布）。USBなどに暗号化されたデータを保管し、パソコンに接続して使用するものが多い。

サブスクリプション （P164）
料金を支払うことで、製品やサービスを一定期間利用することができる形式のビジネスモデルのこと。

ストリーミングサービス （P164）
YouTubeなど、インターネット上のメディア（映像や音楽など）を再生できるサービス。

著者略歴

瀧澤龍哉 (たきざわ たつや)

1993年1月21日生まれ。日本の実業家、投資家。日本語と英語のバイリンガルで、海外ならびにアーティスト活動の際はTJayの名称で活動。Theotex Group HD株式会社会長、Platinum Egg株式会社取締役会長。

ブロックチェーンでできる30のこと

2021年9月15日　第1刷発行

著　者　　瀧澤龍哉
発行人　　久保田貴幸

発行元　　株式会社 幻冬舎メディアコンサルティング
　　　　　〒151-0051　東京都渋谷区千駄ヶ谷4-9-7
　　　　　電話　03-5411-6440 (編集)

発売元　　株式会社 幻冬舎
　　　　　〒151-0051　東京都渋谷区千駄ヶ谷4-9-7
　　　　　電話　03-5411-6222 (営業)

印刷・製本　中央精版印刷株式会社
装　丁　　柚木勇魚
イラスト　菅原芽美